STEMMLERS KLEINE STIL-LEHRE

Vom richtigen und falschen Sprachgebrauch

Von Theo Stemmler

Insel Verlag

Erste Auflage 1994

Druck: Wagner GmbH, Nördlingen
Printed in Germany

Inhalt

Was für ein Angebot an den Menschen ist die Sprache, welch wunderbares Angebot!« *Max Picard*

»In keiner Sprache kann man sich so schwer verständigen wie in der Sprache.« *Karl Kraus*

1. Ein Brief zuvor – oder: Über das natürliche Geschlecht in der Anrede

Jeden Brief beginnt man mit einer Anrede an den weiblichen oder männlichen Adressaten – doch mit welcher? Früher, das heißt: bis zur Entdeckung der Erzfeindschaft zwischen Mann und Frau, wurde solch eine Frage selten gestellt. Denn nur in privaten Briefen hatte (und hat) man die Qual der Wahl, besonders in Liebesbriefen, die ja alles erlauben: »Liebster« und »Gauner«, »Liebling« und »Lügner« – von Brechts Surabaya-Johnny, dem geliebten »Hund« und »Schuft«, ganz zu schweigen. (Die Dichter übertreiben halt immer: auch in der Anrede.)

Doch wenn zum Beispiel – wie ich es hier versuche – ein Autor seinen Lesern, Pardon: seinem Publikum, brieflich etwas mitteilen wollte, hatte er es einfach, da er keine Wahl hatte. Höchstens die zwischen »Sehr geehrter« oder »lieber« oder »geneigter« Leser. Gern hätte ich Sie, da ich jeden einzelnen meiner Leser liebe, mit »lieber Leser« begrüßt – ohne Ansehen Ihres natürlichen Geschlechts.

Doch inzwischen hat diese Anrede ihre Unschuld verloren und gilt als frauenfeindlich, da sie die Frau dem Mann sprachlich unterwerfe. Da ich kein Frauenfeind bin, jegliche Art von Unterwerfung mißbillige und der weiblichen Emanzipation nicht im Wege stehen will, mache ich mir über die heute schickliche Anrede Gedanken.

Ich könnte beide natürlichen Geschlechter nennen und so meine strikte Neutralität in dieser Frage zum Ausdruck bringen. Also:

Liebe Leserin,
lieber Leser!

Sehr umständlich kommt mir dies vor. Und logisch ist diese Doublette auch nicht: Wer diese Zeilen liest, ist entweder weiblichen oder männlichen Geschlechts. Stets ist eine der beiden Anreden überflüssig. Vielleicht versuche ich es mit

Liebe Lesergemeinde!

Nicht doch: Um Gottes willen keine pastoralen Anklänge, obwohl jeder Autor sich über eine »treue Lesergemeinde« freut – und sei sie noch so klein. Und im übrigen würde diese Gemeinde nur aus »Lesern« bestehen – was ja vermieden werden soll. Diesem Mangel durch »Leserundleserinnengemeinschaft« abhelfen zu wollen, hielte ich für bedenklich: Das Wort wäre fast so lang wie jener walisische Ortsname, der weltweit alle anderen um Längen schlägt.

Aus demselben Grund verbietet sich eine »Leserundleserinnenschaft«, der überdies ein völkischer Hautgout längst vergangener Zeiten anhaften würde.

Wie wäre es denn mit

Hallo Lesefans!

Unmöglich. Die meist lautstarken Fans tummeln sich nicht in Buchhandlungen und Bibliotheken, sondern sind in Diskotheken und Open-air-Konzerten anzutreffen. Wer Bücher kauft und liest, gehört eher zu den Stillen im Lande. Nur sie sind heute wohl imstande, ein stummes Zwiegespräch mit einem Buch zu führen.

Oder sollte ich Sie so anreden:

Liebe Bibliophile!

Klingt merkwürdig, ist arg griechisch und beschwört zudem die Erinnerung an Wörter wie »Nekrophile«, »Hämophile«, »Homophile« oder »Pädophile«.

Vielleicht sollte ich tierisch ernst werden und Sie mit

Liebe Leseratten!

oder

Liebe Bücherwürmer!

begrüßen. Obwohl diese Anreden den Vorzug geschlechtlicher

Neutralität besitzen (von der einmaligen »Rättin« des Günter Grass wird hier abgesehen), sind sie als Anrede nicht zu empfehlen: Zu sehr lassen sie uns an die genannten lieben Tierchen denken. Wer mag schon Ratten oder Würmer?
Vielleicht kommt die Rettung aus der Analogie – als Muster fallen mir die »Studierenden« ein, die allmählich die frauenfeindlichen »Studenten« ablösen. Also versuchen wir's:

Liebe Lesende!

Auch diese Anrede ist nicht empfehlenswert: Sie bringt mich in den Verdacht, nur »eine Leserin« anzusprechen. Gott behüte! Frauen *und* Männer wünsche ich mir als Leser – und eine einzige Leserin schon gar nicht. Im übrigen lassen die drei dumpfen *e*-Laute die Anrede »liebe Lesende« nicht gerade angenehm klingen.
Als letzte Möglichkeit einer Anrede bietet sich die neueste an:

Liebe LeserInnen!

oder vielleicht im Singular:

Liebe/r Leser/in!

Diese Angebote sind zwar einfach genial – wie kolumbische Eier. Doch deren ächzende Schreibweise verleidet mir ihre Verwendung.
Was tun? Ehe ich einen Brief ohne Anrede absende, schreibe ich lieber gar keinen. Betrachten Sie also, liebe L...., diesen Brief als nicht geschrieben und wenden Sie sich gleich dem Vorwort zu.
Dabei lassen wir uns nicht von dem ewig grantelnden Karl Valentin stören, der meinte, ein Vorwort sei »ja Blödsinn, ein Vorwort ist eigentlich nur ein Wort – und mit einem einzigen Wort auf der ersten Seite des Buches wäre dem Leser nicht gedient«.
Doch halt – fast hätte ich die Widmung vergessen, die am Anfang eines jeden anständigen Buches steht. Auch für diese rituelle Beschwörung läßt sich ein (abgewandeltes) Wort Karl Valentins nutzen: »Weil jedes Buch eine Widmung besitzt, oder

besser gesagt, besitzen tut, kann auch ich es nicht unterlassen, ein solches vorauszusetzen.«

Also sei die Widmung dieses Buches schnell nachgereicht und Ihrer Aufmerksamkeit empfohlen.

2. Widmung – oder: Von langen und kurzen Sätzen

So kann man heute einen widmenden Satz nicht mehr abfassen:

> **Ich würde dir zu dem seltenen Glücksfall gratulieren, mein liebster Erasmius, daß es dir zuteil geworden ist, in dem Buchdruckerhaus deines Vaters gleichsam an der reichen Quelle der besten Autoren geboren zu werden und außerdem in der Gesellschaft von so vielen, durch ihre Kenntnisse in den drei Sprachen hervorragenden Männern erzogen zu werden – wenn es nicht für dein Alter angemessener wäre, dir Glück vorauszusagen als zu wünschen.**
> *(Übs. von L. Wirth-Poelchan)*

Diesen wunderbar ausbalancierten und daher – trotz aller Üppigkeit – leicht verständlichen Satz schrieb Erasmus von Rotterdam 1522 an sein damals sechsjähriges Patenkind Johannes Erasmius Frobenius in Basel: Ihm widmete er die *Schülergespräche*. Im lateinischen Original wird der betörend symmetrische Bau des Satzes noch deutlicher:

> **Gratularer tibi raram istam felicitatem, Erasmi suavissime, cui contigerit in officina paterna velut in optimorum autorum ubere quodam fonte nasci, tum inter tot trium linguarum scientia praestantes viros educari, nisi magis conveniret isti aetati bene ominari quam gratulari.**

Eine versunkene Welt – eine vergessene Kunst des Satzbaus. Man wünschte sich heute, daß mancher Erwachsene die deutsche Sprache so beherrschte wie ein Schüler in humanistischer Zeit die lateinische.

Heute, da der Puls der Zeit schneller schlägt als je zuvor, sind – abgesehen von der Jurisprudenz und der Bürokratie – die Sätze, auch die der Widmungen, symptomatisch kurz.

Günter Grass widmet sein *Treffen in Telgte* dem Initiator der Gruppe 47, Hans Werner Richter, mit einem (fast) vollständigen Satz:

Hans Werner Richter gewidmet

In diesem Satz, den die Rhetoriker »elliptisch« nennen, da Entbehrliches ausgespart ist, fehlt lediglich: »Dieses Buch ist...«. Wortkarger hatte Günter Grass seiner Frau *Die Blechtrommel* gewidmet:

Für Anna Grass

Manche Widmung ist noch kürzer – und wird dadurch mysteriös. Eigentlich paradox: Die Öffentlichkeit soll erfahren, daß der Autor sein Buch zum Beispiel einer gewissen »Gunhild« widmet – das Publikum soll jedoch nicht wissen, wer diese Person ist. In der letzten Phase satzbaulicher Auszehrung heißt es schließlich nur noch:

Für G. S.

– oder gar:

Für G.

Solche Abkürzungen passen in unsere kürzelsüchtige Zeit; zugleich aber muten sie geheimnisvoll an wie die Initialen wichtiger Zeitgenossen (sogenannter VIPs) auf deren Klingelschildern und Briefkästen.

Wem also dieses Buch widmen? Angesichts der aufgezeigten Probleme halte ich es mit dem Schriftsteller Hans Reimann und widme es dem Deutschen Sprachpflegeamt. Im übrigen ist dieses Buch ein – Heinrich Spoerl sei mir gnädig – Loblied auf die deutsche Sprache, aber es ist möglich, daß sie es nicht merkt. Und nun zum Vorwort.

3. Vorwort

Dies ist ein Buch über den Stil deutscher Sachtexte: wie er ist, und wie er sein könnte. Wir alle haben täglich mit Texten in deutscher Sprache zu tun – als Leser oder als Verfasser. Für beide Gruppen habe ich das Buch geschrieben, da es für beide ein Gewinn sein könnte.

Als Leser finden wir uns viel zu häufig mit schlecht formulierten Texten ab, die wir eigentlich an die Absender zurückschicken sollten. Ein wenig möchte ich dazu beitragen, die Urteilsfähigkeit des Lesers zu stärken und seine stilistischen Vermutungen durch objektive Kritik zu ersetzen.

Und auch die Verfasser deutscher Texte können Nutzen aus diesem Buch ziehen. Eine Textanalyse ergibt allzu oft, daß die Autoren lieblos mit der deutschen Sprache umgehen und sich mit gutem Stil weniger anfreunden als anlegen.

Die Verfasser von Sachtexten, in Routine erstarrt, denken über ihre Formulierungen oft gar nicht nach, sondern verwenden die bewährten Versatzstücke, die ihre Vorgänger ihnen hinterlassen haben: Schlechter Stil wird vererbt.

Die Bandbreite der in unserer Sprache abgefaßten Sachtexte ist gewaltig: Sie reicht von Gesetzen und Verordnungen, Packungsbeilagen und Gebrauchsanweisungen über Werbung, Heiratsannoncen und Todesanzeigen bis zu wissenschaftlichen Beiträgen und Zeitungsartikeln. Der Linguist spricht von »Textsorten« – die eher an Käsesorten oder an »sortentypische« Merkmale (von Kartoffeln etwa) denken lassen: »Textarten« ziehe ich vor.

Unter den Verfassern befinden sich Juristen und Politiker, Arzneimittelhersteller und Techniker, Heiratswillige und trauernde Hinterbliebene, Wissenschaftler und Journalisten. Fast alle kommen in diesem Buch zu Wort, werden auch – zu unser aller Wohl – kritisiert. Der Fülle des Textmaterials habe ich jeweils

Stichproben entnommen. Im journalistischen Bereich wurden vor allem berücksichtigt:

- eine überregionale Boulevardzeitung: *Bild*,
- eine überregionale anspruchsvolle Tageszeitung: die *Frankfurter Allgemeine Zeitung*,
- ein Lokalblatt: die *Rhein-Neckar-Zeitung*,
- ein Wochenblatt: DIE ZEIT,
- ein Nachrichtenmagazin: der SPIEGEL.

Und noch eins: Puristische Positionen werden hier nicht vertreten. Ich mache nicht Jagd auf Fremdwörter und lamentiere nicht über Anglizismen – wohl aber über deren gewaltige Zahl. Ich beklage auch nicht den drohenden Untergang des Konjunktivs oder Genitivs – ich nehme ihn mit Bedauern zur Kenntnis.

Klage führe ich vor allem über unklare, unverständliche, unschöne Sätze. Daß jeder Sachverhalt klar darstellbar ist, soll dieses Buch zeigen. Auch Kompliziertes kann verständlich, ja klar ausgedrückt werden.

Guter Stil kostet allerdings Zeit: Er bereitet mehr Mühe als gedankenlos schlechter. Doch diese Mehrarbeit lohnt sich. Ein gut formulierter Sachtext wird schneller verstanden: Der Leser ist Nutznießer des vom Verfasser investierten Zeitaufwandes. Unsere Finanzexperten würden in ihrem Jargon sagen: Guter Stil »rechnet sich«.

Er macht aber auch Spaß: sowohl dem »Hersteller« als auch dem »Verbraucher«. Der Verfasser freut sich über den gelungenen Schöpfungsakt, und der Leser ist glücklich, daß er den Text auf Anhieb verstanden hat.

Vor allem in folgenden Punkten unterscheidet sich dieses Buch von früheren Versuchen, den Benutzern der deutschen Sprache besseren Stil nahezubringen:

- Es geht ausschließlich um geschriebene Sachtexte.
- Die meisten heute verwendeten Textarten werden berücksichtigt.
- Als Anschauungsmaterial werden nur (in den Jahren 1993

und 1994 von mir gesammelte) einschlägige Texte aus allerjüngster Zeit herangezogen, kritisiert, verbessert.

Und Birnen werden hier nicht (wie bisher so oft) mit Äpfeln verglichen. Das heißt: Thomas Manns *Tonio Kröger* wird nicht als Vorbild für einen juristischen Kommentar empfohlen. Allgemeiner: Sachtexte werden nicht nach ästhetischen Maßstäben dichterischer Texte beurteilt. Und auch dies wird berücksichtigt: daß ein Heiratssuchender mit seiner Annonce andere Absichten verfolgt als der Verfasser einer Todesanzeige.

Ich hoffe, damit den strengen Anforderungen der Sprachwissenschaftler zu entsprechen, deren einer dasselbe wie ich – nur etwas anders – formuliert hat:

Zu diesem Zweck müssen anstelle von Anweisungen für ein gutes Deutsch solche für eine textsorten- und funktionalistisch angemessene Sprachverwendung geboten werden.

Wie schwierig es ist, solche »Anweisungen« zu geben, soll das folgende Kapitel zeigen.

4. Über die Schwierigkeit, guten Stil zu lehren – gestern und heute

Bevor wir uns, liebe L...., an den verschiedenen Textarten zu schaffen machen, sind einige grundsätzliche Probleme zu erörtern: Was versteht man unter »gutem Stil«? Wie äußern sich dazu Stillehrer und Sprachwissenschaftler? Was kann eine Stillehre leisten – und was nicht?

Zugegeben: Es fällt schwer, guten Stil zu definieren. Doch es gibt ihn – wie ja auch den *swing* in der Jazzmusik, der trotz musikologischer Definitionsschwierigkeiten real existiert.

Einfacher ist es, schlechten Stil zu erkennen. Als instruktives Beispiel für diesen kann ausgerechnet eine Definition des Begriffs »Stil« dienen, die sich in einem sprachwissenschaftlichen Lexikon findet. Sie lautet:

> **Die im Spracherzeugungsprozeß durchgeführte Wahl der sprachlichen Mittel manifestiert sich in der Äußerung, die das Produkt dieses Prozesses bildet, als Stil.**

Auch der durch langen Umgang mit dunklen wissenschaftlichen Texten geschulte Leser steht hier vor einem Rätsel. Ihn bringt auch mehrmaliges Lesen nicht der Lösung näher. Da hilft nur sprachliches Handeln.

Vor dessen Erfolg haben die Götter die schweißtreibende Analyse gesetzt. Das Ergebnis ist eindeutig: Der Satz ist in ausgeprägtem Nominalstil verfaßt und wirkt auf den Leser wie ein Konzentrat, das unverdünnt nicht genießbar ist. Der Rätsellöser tut nun das einzig Richtige: Er verdünnt die hochkonzentrierte Syntax und überführt sie in die flüssige Konsistenz des Verbalstils. Er zerlegt den monströsen »Spracherzeugungsprozeß«, löst die Nominalphrase auf und erhält zunächst einmal:

> **Die Wahl der sprachlichen Mittel, die im Prozeß der Spracherzeugung durchgeführt worden ist, manifestiert sich in**

der Äußerung, die das Produkt dieses Prozesses bildet, als Stil.

Doch auch der so veränderte Text bleibt dem Ratenden unverständlich. In dieser Not fällt sein Blick auf das Ende des Satzes, wo das Wort »Stil« als syntaktischer Wurmfortsatz vor sich hinkümmert – durch den vorhergehenden Relativsatz vom Satzganzen abgeschnürt.

Erzürnt ob der ungerechten Behandlung des wichtigsten Wortes in diesem Satz, streichen wir den überflüssigen Relativsatz, entfernen 14 unnötige Wörter, verändern die Wortfolge – und finden endlich die Lösung. Sie lautet:

Stil ist das Produkt eines sprachlichen Auswahlprozesses.

Solche Probleme definitorischer Einkreisung kümmern den professionellen Autor wenig. Er müht sich um den Stil seiner eigenen Texte und überläßt den Himmel theoretischer Abstraktion den Sprachwissenschaftlern. Und da er sein Metier beherrscht, ist er nicht auf die Handreichungen praktischer Stillehren angewiesen.

Den Normalverbraucher guten Stils interessiert die graue Stiltheorie ebensowenig wie den berufsmäßig Schreibenden – der eine wie der andere würde die sprachwissenschaftliche Unterweisung ohnehin kaum verstehen, da diese häufig auf Stelzen wie den folgenden daherkommt:

Jede Lehre unterliegt nun aber, wie man weiß, auf seiten der Benutzer solcher Stilbücher dem nicht immer mühelosen Zwang des Lernens.

Umständlicher geht's nimmer. Ein solcher Satz ist ein Paradebeispiel für die hohe Kunst, Einfaches möglichst kompliziert auszudrücken. Hinter aufwendigem Schwulst verbirgt sich die banale Mitteilung:

Lernen ist – dies gilt auch für die Benutzer von Stilbüchern – oft mit Mühe verbunden.

Zu praktischen Stillehren greift der lernwillige Laie jedoch gern: Sie verheißen ihm Besserung seines Stils und sind in verständlichem Deutsch verfaßt.
Wenn die stilistischen Rat Suchenden wüßten, mit welchen Lehrern sie sich da einlassen, müßten sich ihnen – zumindest nach Ansicht der sprachwissenschaftlichen Experten – die Haare sträuben.
Die Verfasser fast aller Stillehren sind nämlich Amateure – sowohl was ihre Ausbildung und Berufe angeht als auch ihre Arbeitsweise. Um nur die drei erfolgreichsten zu nennen: Eduard Engel war Reichstagsstenograph, Ludwig Reiners Jurist und Textilkaufmann, Wolf Schneider betätigt sich als Journalist und Publizist.
Uns soll dies nicht stören: Offenbar entwickeln solche Amateure ein instinktsicheres Sprachgefühl, das den akademischen Fachleuten oft abgeht.
Nun ist die undiplomierte Beschäftigung mit der deutschen Sprache nicht strafbar, solange sie nur der Hervorbringung von Dichtung dient. Diese Gesetzeslücke haben zahllose Autoren genutzt. Von Fischart bis Tucholsky, von Hofmannswaldau bis E. T. A. Hoffmann: lauter Juristen. Ganz zu schweigen von Goethe und Heine – und Ärzten wie Büchner, Benn und Döblin. Wenigstens Martin Walser und Hans Magnus Enzensberger sind Philologen.
Wenn aber Amateure sich erdreisten, andere stilistisch zu belehren, und Stillehren verfassen, dann versteht die Fachwelt keinen Spaß und bläst zur Attacke. Die Experten werfen den Stillehrern – mit gewisser Berechtigung – mangelnde Systematik vor, übertriebenen Purismus und subjektive Geschmacksurteile. Derartige Kritik begegnet uns in eindrucksvoller, grammatisch falscher Formulierung zum Beispiel so:

> **Dies macht sich besonders bei der (mangelhaften) Begründung für die Normen bemerkbar, die sich kritiklos an den von bestimmten gesellschaftlichen Gruppen... als vorbild-**

lich betrachteten Schriften- und Autorenkanon orientieren ...

Das einzige, was die Stillehrer nach Ansicht ihrer wissenschaftlichen Gegner beherrschen, ist die deutsche Sprache – immerhin einiges, wenn man Sätze wie die zitierten ertragen muß. Und selbst diese Fähigkeit wird von den Experten oft genug als Effekthascherei denunziert.

So wirft einer von ihnen den Stillehrern »Verbalartistik« vor und rückt die ihnen wesensverwandten Sprachkritiker in den Bereich sprachlicher Perversion, indem er sie als »logophile, sprachartistische Unterhaltungskünstler« bezeichnet. Zugunsten der Unterhaltung werde »alle Belehrung ... wenn nicht vermieden, so geschickt überspielt«.

Daß die Stillehrer ihre Klientel nicht belehren möchten, ist eine abwegige Unterstellung. Wollen möchten sie schon – doch können sie's? Die Frage nach der Lehrbarkeit guten Stils ist in der Tat zentral: Mit ihrer Beantwortung wird über Sinn oder Unsinn praktischer Stillehren entschieden.

Die Reproduzierbarkeit guten Stils setzt das Vorhandensein stilistischer Normen, Regeln, Prinzipien voraus, die der Lehrer dem Lernenden als Vorbild und Vorschrift vermitteln kann. Die Existenz solcher Normen wird von den Stillehrern bejaht – sonst könnten sie nicht den Weg zum guten Stil beschreiben. Doch treten nicht alle von ihnen mit päpstlichem Anspruch auf Unfehlbarkeit vor ihre Gläubigen, wie ihre Gegner behaupten.

Selbst der gestrenge Aufklärer Gottsched, dem wir auch Wichtiges zur Stillehre verdanken, gab bereits im 18. Jahrhundert zu bedenken, daß »der Schwung einer jeden Sprache ... sich aber durch Regeln nicht völlig bestimmen lasse«.

In unserem Jahrhundert hat der von Tucholsky zu Unrecht als »Hohlkopf« geschmähte Stillehrer Eduard Engel den Nutzen seiner Ratschläge selbst relativiert:

Das Unmögliche zu lehren vermißt sich der Verfasser nicht: Der gute Stil ist unlehrbar.

Stil ist eben nicht von Grund auf lehr- und lernbar. Wie musikalisches Talent kann auch stilistisches nicht erworben werden – doch kann man es ausbilden. Besserer Stil – nicht: guter – kann gelernt werden.

Auch Reiners, spätestens seit Nickischs Kritik (1972 und 1975) von der Sprachwissenschaft abgehalftert, geriert sich weniger stilpäpstlich und regelgläubig, als oft behauptet wird:

> **Freilich gerade jene Gaben, die jeder Lernende am meisten liebt, kann die Stillehre nicht bieten: feste Regeln und sichere Kunstgriffe.**

Lediglich Wolf Schneider fordert von den Sprachwissenschaftlern Normenvollzug:

> **Es wäre also nicht zu früh, wenn die rechthaberischen Sprachnorm-Kritiker in den linguistischen Seminaren dieselbe Wende vollzögen, zu der sogar die Duden-Redaktion sich aufgerafft hat.**

Diesem Befehl kommen die meisten Linguisten nicht nach: Sie werden nicht müde, die Existenz allgemeingültiger Stilnormen zu bestreiten – und damit den Nutzen normativer Stillehren.

Zu Recht verweisen die Sprachwissenschaftler darauf, daß der Stil einer jeden sprachlichen Äußerung auf einer Auswahl beruht, die der Autor aus einer Vielzahl sprachlicher Möglichkeiten trifft. Zu Unrecht folgern die Linguisten aus dieser Variabilität die Unmöglichkeit, feste Stilregeln aufzustellen.

Diese Position wurde unlängst von einem Sprachwissenschaftler mit ungewollt komischer Bestimmtheit vorgetragen. Hier lernen wir unverhofft etwas über den falschen Gebrauch eines Stilregisters. In schönstem Behördendeutsch heißt es in dem Buch:

> **Darum sieht die Sprachwissenschaft sich nicht in der Lage, Stilprinzipien von klarer Gesetzmäßigkeit ... zu formulieren**

– mit vorzüglicher Hochachtung ...

Ähnliche Skepsis gegenüber Stilnormen wird in einem linguistischen Lexikon geäußert:

Unter dem Produktionsaspekt stellt die Stilkritik Stilnormen auf, deren Befolgung die Sprachteilhaber zu einem guten Deutsch befähigen soll.

Durch solche Sätze werden die »Sprachteilhaber« allerdings nicht »zu einem guten Deutsch befähigt«. Wie kann man über deutschen Stil so reden? In diesem zitierten Satz verkommt der Nominalstil zur Karikatur seiner selbst. Jener Satz ist so organisiert, daß sein Sinn durch die krausen Querverbindungen der Substantive zugedeckt wird. Gemeint ist wohl folgendes:

Die von der Stilkritik aufgestellten Normen sollen die Verfasser von Texten zu gutem Deutsch befähigen.

Zu der fast grenzenlosen Toleranz der Linguisten gegenüber allem, was sprachlich sein *kann*, gesellt sich die allgemeine Scheu der Wissenschaftler vor dem Urteil über das, was sein *soll*. Die Verweigerung kritischen Urteilens ist ja auch im Bereich der Literaturwissenschaft – vor allem in Deutschland – weit verbreitet. Literatur-, Sprach- und Stilkritiker werden in die Unterhaltungsecke abgedrängt, wo sie dann von den Pelotons der Wissenschaft füsiliert werden.

Jedoch ist die linguistische Skepsis gegenüber Stilnormen nur zum Teil berechtigt. Einige auf ihnen basierende Stillehren erweisen sich als nützlich – und ihre Verfasser bieten mehr als zirzensische Kunststücke. Nicht alle Stilregeln sind »subjektiv« und »unverbindlich«. Eben darum geht es: unstrittige Regeln von strittigen zu unterscheiden und tatsächliche Stilmängel von vermeintlichen zu trennen.

Zu letzteren gehört etwa der groteske Kampf der Stillehrer gegen die »Fremdwörterei«, der Züge sprachlicher Xenophobie – Verzeihung: Fremdenfeindlichkeit – trägt. Ähnlich überflüssig sind die verzweifelten Versuche, den dahinsiechenden Konjunktiv am Leben zu erhalten oder den Anakoluth nach »weil« zu verbieten. Ebenso fragwürdig ist die in Stillehren übliche Verteufelung des Nominalstils und des Adjektivgebrauchs.

Keiner dieser Streitfälle kann durch eine allgemein verbindliche, begründete Regel entschieden werden: Die Grauzone des sprachlich Erlaubten ist beträchtlich. Immerhin sind die Linguisten berechtigt, derartige von den Stillehrern aufgestellte Regeln als unbegründbare Vorlieben abzulehnen – mehr nicht.

Daneben gibt es eine Gruppe von Stilregeln, die unstrittig erscheinen. Einige von ihnen sind Forderungen, die seit langem von Lehrern und Theoretikern des Stils an jede sprachliche Äußerung erhoben werden. Da diese Grundregeln verschiedenartig, ja zuweilen vage definiert werden, nimmt die Wissenschaft sie kaum ernst: Was nicht genau *heißt*, kann nicht genau *sein*. Ich bin da anderer Meinung und kann für deren Richtigkeit zahlreiche Gewährsleute aufbieten.

Daß Sprache Kommunikation sei und Texte dem Leser etwas mitteilen wollen, hat man bereits vor Erfindung der Linguistik vermutet, jedoch anders formuliert. Es erstaunt daher nicht, daß bereits früh Rücksichtnahme auf den Leser gefordert wird. »Der Leser ... bestimmt des Autors Pflicht«, befand Abraham Gotthelf Kästner vor 200 Jahren. Bis heute folgen alle Stillehrer dieser Maxime.

Um die Mitte des 17. Jahrhunderts verlangte Augustus Buchner vom Autor wissenschaftlicher Texte »verständliche, klare Worte« und – man hört dies gern – »eine hurtige und lebhaftige Art zu reden ..., damit der dem Leser eine Lust mache«.

Ein Jahrhundert später achtet Christian Wolff darauf, daß seine Schriften »nicht dunkel und schwer zu verstehen« sind. Etwa zur gleichen Zeit mahnt Gottsched die Autoren, »deutlich und verständlich zu reden«.

Lessing, Schopenhauer, Nietzsche und die Stillehrer vor und nach ihnen: sie alle singen das Lob der Klarheit und Verständlichkeit. Tucholsky nicht zu vergessen:

> **Man kann gewiß nicht alles simpel sagen, aber man kann es einfach sagen. Und tut man es nicht, so ist das ein Zeichen, daß die Denkarbeit noch nicht beendet war.**

Dagegen kann eigentlich niemand etwas einwenden – und doch, so bemerkte der Stillehrer Eduard Engel vor 80 Jahren, erscheint »manchem wissenschaftlichen Schreiber mit kläglichem Stil jeder gute Prosaschreiber als unwissenschaftlich verdächtig«.

Die Sprachwissenschaftler bezweifeln, daß eindeutige Kriterien für die Aufstellung und Bewertung stilistischer Grundregeln verfügbar sind. Man könne nicht beurteilen, meint etwa Nikkisch, »*wie* klar ... sich ein Schreiber ausgedrückt hat«.

Dies kann wohl nicht sein: Ein Text ist entweder klar – oder unklar. *Tertium non datur.* Daß man zuverlässige Urteile über klare oder unklare Sätze fällen kann, möge ein Beispiel zeigen, das einem sprachwissenschaftlichen Werk entnommen ist. Wir lesen:

> **Nicht zeitgemäße, wissenschaftlich ernstzunehmende Lehrbücher sind es, sondern zum Teil veraltete, dilettantische Popu-lärbücher (*sic!*), die den Markt beherrschen.**

Übersehen wir den gräßlichen Kalauer und fragen sogleich nach dem Inhalt der Mitteilung: Meint der Autor »nicht zeitgemäße«, also unzeitgemäße, Lehrbücher – oder »nicht die zeitgemäßen« Lehrbücher? Nach einiger Überlegung entscheidet sich der Leser für die zweite Möglichkeit. Einen Satz, der wie der zitierte gebaut ist, nennt man unklar.

Der Übergang von der Unklarheit zur Unverständlichkeit ist fließend, wie das nächste Beispiel beweist. Es findet sich ausgerechnet in einem Buch eines unserer unerbittlichsten Stilrichter:

> **So wie, weil wir Menschen sind, Menschen uns mehr als Sachen interessieren – so reizen uns, weil wir leben, der Vorgang und das Werden mehr als der Zustand und das Sein.**

Was will der Richter damit sagen? Interessieren ihn Menschen als Sachen? Wohl kaum – da ist er über die Mehrdeutigkeit von »als« gestolpert. Die Kombination eines barocken Satzplans voller Parallelismen mit raunendem Gewaber à la Heidegger verwirrt den Leser, anstatt ihn aufzuklären. Auch einen solchen Satz nennt man unklar.

So stellen wir mit Gottfried Benn »die Frage nach dem Satzbau, und die ist dringend«. Das Prinzip der Klarheit und Verständlichkeit sollte die Konstruktion eines Satzes bestimmen: ob Para- oder Hypotaxe, Verbal- oder Nominalstil, kurzer oder langer Satz einzusetzen sei. Derartige syntaktische Entscheidungen sind leichter begründbar, als oft behauptet wird. Verlangt werden sie seit langem.

In seiner *Vernunftmäßigen Redekunst* (1728) plädiert Gottsched für kurze Sätze und gegen schachtelnde Hypotaxe:

> **Es ist besser, drei oder vier kleine Sätze so vorzutragen, daß mich jeder versteht, als alles zusammenzuschmelzen und meinen Leser dadurch zu verwirren.**

Und Christian Wolff rühmt sich, daß er »niemals mehr Worte gebraucht, als die Sache erfordert«. Wohltuend wirkt in jenem 18. Jahrhundert der Einfluß der englischen Moralischen Wochenschriften auf die deutsche Syntax: Nach englischem Vorbild wird der deutsche Schachtelsatz nunmehr seltener.

Dieses bis heute immer wieder beschworene Stilideal parataktischer Knappheit erscheint manchem Linguisten als vage – und daher kaum lehr- und lernbar. Auch in diesem Punkt bin ich anderer, begründbarer Meinung. Erneut versorgt uns ein Sprachwissenschaftler mit einem heilsam abschreckenden Beispiel:

> **Auf die höchst bemerkenswerte »Tradition« in der populären Stillehre unseres Jahrhunderts aufmerksam geworden, traten mir deren enge Beziehungen zur Sprachkritik vor Augen, als ich mich zwecks Vorbereitung eines Vortrags … durch einen wahren Berg von Sprachglossen … »hindurchessen« mußte.**

Ein Satz wie dieser ist aus mehreren Gründen nicht empfehlenswert. Der Leser versteht ihn nicht auf Anhieb, da ihn die Hypotaxe logisch und chronologisch in die Irre führt: Die tatsächliche Ereignis- und Gedankenfolge muß er mühsam rekonstruieren. Dabei behindert ihn zusätzlich, daß er ein nach dem Partizipialsatz erwartetes Subjekt »ich« nicht vorfindet, sondern statt dessen syntaktisch schief hierher gesetzte »Beziehungen«. Und »zwecks Vorbereitung« ist lupenreiner amtsdeutscher Nominalstil.

Diesem gewinnen die Linguisten erfreuliche Seiten ab und verteidigen ihn gegen die Stillehrer: Er ermögliche »eine Komprimierung des sprachlichen Ausdrucks« (so sagt es einer von ihnen) und die immer wieder geforderte Knappheit. Derartiges begrüßen wir alle – doch in der Praxis erfüllt der Nominalstil keineswegs immer diese Erwartungen. In einem neueren sprachwissenschaftlichen Werk heißt es:

> **Man setze sich durch Fremdwortgebrauch nicht der Gefahr des Mißverstandenwerdens oder gar der Fehlerhaftigkeit aus.**

Dieses nominale Prachtstück ist weder knapp noch klar konstruiert. Und überdies ist es falsch, »fehlerhaft« nicht auf den »Gebrauch«, sondern auf »man« zu beziehen. Wie wäre es statt dessen mit einem Satz in der Art der herkömmlichen Stillehre, die den Verbalstil propagiert? Etwa:

> **Man verwende nur Fremdwörter, die der Leser und man selbst versteht.**

Mit dem monströsen, zwanzig Buchstaben/Laute umfassenden »Mißverstandenwerdens« sind wir bei einer weiteren axiomatischen Stilregel angelangt: der Schönheit. Die Linguisten weisen darauf hin, daß diese Forderung »nicht objektiviert werden« könne (Gauger). Zu Recht mokieren sie sich über die subjektive Abwertung angeblich unschöner, »billiger Modewörter« (Schneider) durch die Stillehrer: Warum auch sollen Wörter wie »Frust« oder »Hit« häßlich sein?

Im Bereich des Wortklangs lassen sich sprachliche Schönheit und Häßlichkeit deutlicher beurteilen, als oft angenommen wird. Fügungen wie »daß das«, »der sie die für sie« oder »das ist, daß« (alle: Schneider) sind kakophonisch, ja echolalisch und gelten nach allgemeiner Übereinkunft in der Gebrauchsprosa (nicht bei Ernst Jandl) als unschön.

Über Wörter wie Jean Pauls Neuprägungen »Jetztzeit« und »Selbstzweifel« machte sich schon Eduard Engel zu Recht lustig, der sie Erfindungen eines »Ohrlosen« nannte.

Solchem Unbehagen liegt nicht eine subjektive Abneigung zugrunde, sondern die objektiv begründbare Abwehr extremer Konsonantenanhäufung, die phonetisch nur mit großem artikulatorischen Aufwand bewältigt werden kann: Die Konsonanten-Verbindungen... *tstts*... (in »Jetztzeit«) und... *lbsttsv*... (in »Selbstzweifel«) sind dem Sprachbenutzer beschwerlich.

Schließlich gelten auch im Bereich des Stilregisters und der Metaphorik axiomatische Normen, die begründete Urteile über die jeweilige sprachliche Äußerung zulassen.

Lange vor der Entwicklung einer »Funktionalstilistik« in den siebziger Jahren wußte man, daß ein bestimmter Text-Typ einen bestimmten Stil-Typ erfordert: Der Stil muß der jeweiligen Textart angemessen sein. Engel spricht von »höchster Zweckmäßigkeit« der Stilarten. Wird nicht funktionsgerecht formuliert und die Einheitlichkeit des Stilregisters nicht gewahrt, liegt ein Stilbruch vor. Und dieser kann meist sicher nachgewiesen werden. Ich erinnere Sie, liebe L..., an jenen oben zitierten Satz, in dem der Wissenschaftler sich plötzlich wie ein Verwaltungsbeamter äußert.

Metaphern sind auch in einem Sachtext zulässig – welcher Art und wie häufig sie sein dürfen, kann allerdings durch keine Regel gesteuert werden. Es gilt lediglich, in der Sachprosa die Katachrese (den »Bildbruch«) zu vermeiden. Diese ist – wie der Stilbruch – klar erkennbar und ihre Ächtung als allgemeingültige Vermeidungsregel zu bewerten.

Am Ende unserer Tour d'horizon stellen wir fest: Es gibt mehr verifizierbare Stilnormen, als unsere Linguisten sich träumen lassen. Diese feste Basis macht guten Stil lehr- und lernbar:

Rational begründbare Urteile machen Stillehren möglich, ja notwendig. Deren Verfasser brauchen sich nicht allein auf ihr ominöses Sprachgefühl zu verlassen.
Allerdings sollten »populäre« stilistische Handreichungen auf liebgewonnene Gewohnheiten verzichten: die Hatz auf Fremdwörter, den Kampf gegen jede sprachliche Neuerung, das Lamento über den Sprachverfall, die Vergötzung des Verbs.
Wohlgemerkt: Ich plädiere nicht für den hemmungslosen Gebrauch von Fremdwörtern, Nominalsätzen und Adjektiven. Auf das Augenmaß kommt es mir an. Des alten Griechen Galen Rat, auf die Dosierung zu achten, sollten wir auch in Stilfragen beherzigen und jene Verfemten gelegentlich durchaus in unsere Texte aufnehmen. Die – bis heute leider nachwirkende – Kompromißlosigkeit früherer deutscher Sprachwächter tut den einzelnen, sehr unterschiedlich zu gestaltenden Texten Gewalt an.
Die von diesen Zuchtmeistern verwendete Sprache war die des Arztes oder Schulmeisters oder Sprachwebels. So wütete der – ansonsten heute noch lesenswerte – Eduard Engel:

> **Gegen brandige Wunden wie die Fremdwörterei hilft nur das glühende Eisen des Zornes...**

Oder – als Militärstratege posierend:

> **Wer das Zeitwort beherrscht, der beherrscht die Sprache und ist auf dem Wege zum Stil.**

Jahrzehnte später führt Ludwig Reiners einen – wie er sagt – »Fremdwörterkampf« und schmiedet »Waffen gegen Fremdwörter«. Allgemeine Aufgeregtheit ist hier fehl am Platze – erforderlich vielmehr eine differenzierte Entscheidung in jedem einzelnen Fall (o je, ein Nominalsatz!). Genau so werde ich mit den verschiedenartigen Texten umgehen, die ich Ihnen, liebe L...., präsentieren werde.
Doch bevor es (fröhlich) ernst wird und wir uns die Theologen vorknöpfen, machen wir es uns bequem und verfolgen als Zuschauer den erbitterten Kampf, den die erwähnten Sprachwäch-

ter gegen das Gespenst des Sprachverfalls führen. Danach beobachten wir, wie auf einem Nebenkriegsschauplatz Stillehrer und Professoren aufeinander einschlagen. Wer Kriegslärm und Wortgetümmel nicht mag, lese gleich das 7. Kapitel.

5. Die Sprachwächter – sowie die Wacht am Rhein

Ein Gespenst geht um in Deutschland: das Gespenst des Sprachverfalls. Alle Mächte des neuen Deutschland haben sich zu einer unheiligen Hetzjagd gegen dieses Gespenst verbündet.

Auf den Fähnlein der – mehr als sieben – aufrechten Verfolger sind die Embleme bedeutender Geschlechter erkennbar: ein schwarzer Springer (aus Berlin) auf Goldgrund, ein bejahrter Gruner (aus Hamburg) – selbst ein kluger Kopf vom Main ist darunter.

Nun ist das Gespenst, das diese Sprachritter jagen, nicht leicht auszumachen oder gar zu erlegen: Es spukt mal hier, mal dort – in alten Häusern oder Köpfen, vorzugsweise aber im deutschen Blätterwald; außerdem wechselt es öfter proteushaft seine Gestalt.

Seine Verfolger werden überdies durch ihre klobige sprachliche Rüstung an zügiger Fortbewegung gehindert. Manche von ihnen vergeuden gar ihre Zeit, indem sie schweres Geschütz auffahren und aus ihm gänzlich ungeeignete Munition abfeuern, die sie sich vor vielen Jahren bei Thomas Mann und anderen älteren Feuerwerkern besorgt haben: Durch solche Schießübungen ist das äußerst mobile Gespenst nicht zu treffen.

Bisher kam es – soweit ich dies als Kriegsberichterstatter in dem über den Gefechtsfeldern wabernden Pulverdampf erkennen konnte – zu drei Waffengängen.

Bei einem ersten Scharmützel gelang es den vereinten Gralshütern der deutschen Sprache, das Gespenst ohne langes Suchen zu stellen: Es war nicht, wie sonst bei anständigen Gespenstern üblich, von einem weißen Bettlaken umhüllt, sondern vorne vom Union Jack und hinten vom Sternenbanner.

Zur maßlosen Irritation seiner Verfolger bewarf es diese unaufhörlich und treffsicher mit winzigen Steinchen, die ausnahmslos undeutsch beschriftet waren: *Fit, Clip, Chip, Spot, Gag* oder *Boss*.

Diesem Dauerfeuer hatten die – wie von einem Hornissenschwarm geplagten – Sprachwächter nichts gleichwertig Prägnantes entgegenzusetzen. Entnervt ließen sie nach kurzer Gefechtstätigkeit von dem angloamerikanischen Ungeheuer ab.

Bald danach kam es zu erneuter Feindberührung. Dieses Mal hatten die wachsamen Ritter ein Gespenst von völlig anderer Gestalt aufgespürt: Es war mißgebildet wie Quasimodo und gerade dabei, sich – wie jener – abzuseilen: aus den wolkigen Höhen der deutschen Sprache in die Niederungen ihrer Einfachheit, wo sich der scheußliche Anakoluth tummelt und der gefährliche Trotz mit Dativ sein Unwesen treibt.

Verwirrt durch diesen unfreiwilligen Blick aufs Maul des Volkes und erschreckt durch die Horrorvision grammatischer Auszehrung, wandten sich die Sprachhüter von ihrem Gegner ab. Im Wegreiten nahmen sie noch entsetzt wahr, daß dieser auf seiner jähen Talfahrt in die deutsche Tiefebene den altehrwürdigen »Genitiv nach wegen« mitleidlos aus seinem Reisegepäck warf.

Von dieser Begegnung mit allerlei Abscheulichkeiten sprachlicher Entartung erholten sich unsere wackeren Kämpfer nur sehr langsam. Erst nach geraumer Zeit waren sie wieder in der Lage, für ihr hehres Ziel ins Feld zu ziehen.

Und wieder gelang es ihnen, das Gespenst zu sichten. Es trat ihnen in jugendlicher Gestalt – furchtlos, ja: herausfordernd – entgegen und überschüttete sie mit einem Hagel *echt ätzender* Wörter. Vor jedem neuen sprachlichen Geschoß gingen die Sprachritter in Deckung: *Grufties – Schlaffies – Zombies* pfiffen ihnen um die Ohren, und *Zoff* wurde ihnen angedroht, wenn sie nicht mit ihrem *Gesülze* aufhörten und *einen Abgang machten*.

Als sich zu dem einen frechen Angreifer noch viele andere, auch Erwachsene, gesellten, erkannten die Sprachwächter die Aus-

sichtslosigkeit ihrer Lage und verzichteten darauf, sich mit den stumpfen Waffen ihrer Humorlosigkeit gegen die heranfliegenden brandneuen Projektile zu verteidigen. Verbittert zogen sie sich zurück, etwas von »Subkultur« murmelnd.
Übrigens verlor bei dem überhasteten, vorläufig letzten Rückzug einer der Sprachritter einen Zettel, auf dem – in altdeutscher Schrift – ihr Kampflied notiert ist. Diesen bisher unbekannten Text teile ich hier der Öffentlichkeit mit:

Die Wacht am Rhein

Es brauſt ein Ruf aus Wortgeſchwall,
aus Sprachgeklirr und dumpfem Drall:
»Am Rhein, am Rhein, am deutſchen Rhein –
wer will der Sprache Hüter ſein?«

Refrain: Lieb' Mutterſprach', ſchlaf ruhig ein,
feſt ſteht und treu die Wacht am Rhein.

In manchem Blatte tönt es grell
und viele Zungen plappern ſchnell:
Der deutſche Sprachwart fromm und ſtark
verzapft den alten Sprachenquark.

Er blickt hinauf in Dichterhöh'n,
wo Kleiſt und Goethe niederſehn,
und ſchwört mit deutſchem Kampfesdurſt:
»Du, Deutſch, bleibſt deutſch wie deutſche Würſt!«

Solang' das deutſche Blut noch glüht,
der deutſche Geiſt Geſpenſter ſieht
und deutſcher Zorn die Büchſe ſpannt,
betritt kein fremdes Wort dies Land.

Der Schwur erſchallt, die Sprache rinnt,
die Phraſen knattern laut im Wind:
»Am Rhein, am Rhein, am deutſchen Rhein
wolln wir der Sprache Hüter ſein!«

6. Wie Stillehrer und Professoren aufeinander einschlagen – und wie sie ihren Stil verbessern könnten

Der Sprache fühlen Stillehrer und Sprachwissenschaftler den Puls (oder auf den Zahn) – sehr unterschiedliche Vertreter der Sprachheilkunde, die sich ebenso heftig befehden wie Schulmediziner und Heilpraktiker im richtigen Leben. Der Konflikt ist bereits deswegen unausweichlich, weil Stillehrer meist keine Professoren sind – und Professoren meist keine Stillehrer. Leider. Auch ist nicht jeder Sprachwissenschaftler ein Professor, doch der Einfachheit halber setzen wir uns über die Besoldungsordnung hinweg.

Die Sprachwissenschaftler sind die eigentlichen Leute vom Fach, das sie »Linguistische Stilistik« nennen: Sie müssen es also wissen. Da die Stillehrer dasselbe von sich annehmen, ist zwischen beiden Gruppen – besser: Lagern – ein Streit unvermeidlich, aus dem sich die Schriftsteller heraushalten: Sie kümmern sich selbst um ihren Stil. Stillehrer und Sprachwissenschaftler werfen sich gegenseitig den Mangel dessen vor, was sie selbst im Überfluß zu besitzen meinen: Ausdrucksfähigkeit vermissen die einen – Wissenschaftlichkeit die anderen.

Die Kontrahenten behandeln einander nicht gerade sanft. Sie bedienen sich eines Stils, dessen polemisches Feuer alle akademisch gebildeten Kampfhähne entzückt. Die erreichten Hitzegrade lassen die Kombattanten zu Helden eines komischen Epos schrumpfen, das ja bekanntlich seine Wirkung aus der Unangemessenheit von Stil und Thema bezieht.

Dieser stilistische Froschmäusekrieg tobt seit längerem. Angefangen hat der Stillehrer Eduard Engel 1911, als er – Vorarbeiten Schopenhauers und Nietzsches nutzend – seine *Deutsche Stilkunst* in Stellung brachte. Vor allem auf den »Professorenklüngel« feuerte er seine Breitseiten ab: »Vielen Germanisten versagt das Deutsche bis zum Lallen.« Mit Adlerblick erkannte er auch »die übergroße Zahl der schlechtes Deutsch schreibenden Altphilologen«. Überhaupt gebe es viel mehr gute Journalisten als »wissenschaftliche Schriftsteller«.

Der Vorwurf professoraler Sprachlosigkeit gehörte von nun an unverzichtbar zum Waffenarsenal der Stillehrer. Ludwig Reiners wählte in seiner *Deutschen Stilkunst* (1943) – wie immer – ein kleineres Kaliber als seine Vorgänger: »Besonders der deutsche Gelehrte ist geneigt, die Bedeutung der Form zu unterschätzen.« Kein Wunder, daß später der Sprachwissenschaftler Reinhardt Nickisch über die »Entthronung des Stilpapstes Reiners« jubelte.

Wolf Schneider, der treffsichere Sprachschütze aus Hamburg, verwendet weit gröbere Munition als Reiners. In seinem *Deutsch für Kenner* (1987) wettert der gebürtige Journalist gegen den »elitären Hochmut« der Professoren und gegen den »Snobismus der Experten«, belegt aber erbarmungslos auch die eigenen Kollegen mit seinem Sperrfeuer. Ihnen wirft er »arrogante Gleichgültigkeit« vor:

> **Sie sitzen in saturierten Abonnementszeitungen... oder, beamtenähnlich, in den öffentlich-rechtlichen Funkhäusern...**

Seine Dumdumgeschosse feuert er auch in Richtung der Duden-Redaktion, die ihm zu »lax« erscheint, und gegen den SPIEGEL, der »aus klarem Vorsatz« angeblich »Krampf« produziert. Als besonders strafwürdig gilt ihm – das Feuer wird nun gebündelt und auf beide Institutionen gleichzeitig gerichtet

> **daß der Duden sich entschlossen hat, den »Spiegel« unter seine Quellen aufzunehmen – kommentarlos versteht sich; so daß die millionenfach multiplizierten Marotten nun auch noch mit dem Anschein der Korrektheit versehen sind.**

Doch zurück zur Hauptkampflinie, die zwischen Stillehrern und Sprachwissenschaftlern verläuft. Seit geraumer Zeit kann man beobachten, daß sich einige Linguisten (Hans-Martin Gauger zum Beispiel) und Stilkritiker mutig zwischen die Fronten werfen und versuchen, Streithähnen (und -hennen) einen Kompromiß schmackhaft zu machen: die Nützlichkeit und Lesbarkeit einer Stillehre mit der Gründlichkeit der linguistischen Stilistik zu vereinen. Einer dieser Parlamentäre aus dem Lager der Sprachwissenschaftler tritt nicht nur als Vermittler auf – er redet auch so. Er verspricht

> **Bereitschaft zur sach- und fachübergreifenden Zusammenarbeit ... in voller gegenseitiger Respektierung und Unterstützung, verbunden in dem Ziel, unseren gegenwärtigen und künftigen – – –**

Handelsverkehr? Nein:

> **– – – Sprachgebrauch gemeinsam intakt zu halten.**

Ein lehrreicher Satz: Der Autor begeht einen typischen, doch ungewollt passenden Stilbruch, indem er abgegriffene politische Formeln achtlos für sein Anliegen einer »linguistisch fundierten Sprachkritik« verwendet. Um komische Effekte dieser Art zu erzielen, verwenden Schriftsteller seit jeher unpassende Stilregister – allerdings mit Absicht.

Ob die geschilderten, sehr vernünftigen Vermittlungsbemühungen erfolgreich sein werden, erscheint mir zweifelhaft. Zum einen sind die traditionellen Fronten verhärtet. Zum anderen gibt es nur selten jenen Autor, der beides kann: wissenschaftlich analysieren und gut schreiben.

Hinzu kommt eine unerträgliche Politisierung sprachwissenschaftlicher und stilistischer Probleme – seit langem. Früher galt der Benutzer »zu vieler« (?) französischer Fremdwörter als Lakai der Franzosen. Heute macht sich der Benutzer »zu vieler« (?) englischer Fremdwörter der Anglophilie verdächtig.

Und Ironie wird auch heute noch von manchem als undeutsch – »welsch« eben – betrachtet. Auch aus diesem Grund galt Heinrich Heine, der jüdische Ironiker, als besonders frivol.

Der alte Fundus sprachlichen Ressentiments – Pardon: »heimlichen, stillen Grolls« (Duden) – wird neuerdings innenpolitisch erweitert. In einem Leserbrief an die *Frankfurter Allgemeine Zeitung* vom 12. Februar 1994 tönte es – in vertraut sprachwärterischem Klang:

> **Wenn man bedenkt, daß auch die Achtundsechziger-Linguisten (»Weg mit dat Dativ!«) inzwischen ihr institutionelles Marschziel erreicht haben, wundert man sich nicht über die Auswahl der »Unwörter«...**

Verlassen wir die dröhnende Walstatt und suchen die Bibliothek auf. Nun bietet sich die Gelegenheit zur Frage:

... WIE DIE KONTRAHENTEN IHREN STIL VERBESSERN KÖNNTEN

Nur zwei Bücher greifen wir aus den Regalen der Abteilung »Stilistik« – beide können uns besonders eindrucksvoll über guten und schlechten Stil belehren, da hier Fachleute am Werk sind. Deren Identität verbergen wir notdürftig hinter ihren gleichlautenden Initialen W. S. Der Deutlichkeit halber erhält der ältere der beiden, ein Stillehrer, zusätzlich die Ziffer I, der ihn bekämpfende jüngere, ein Linguist, die Ziffer II.

Mit W. S. II beginnen wir und kritisieren bei ihm vorkommendes Beamten- und Juristendeutsch.

Er erwähnt Neologismen, »die vom Sprachgebrauch mittels der ihm zugeschriebenen ›selbstreinigenden‹ Kraft zurückgewiesen worden sind«. Dieses papierdeutsche »mittels« entfaltet seine volle Schönheit in einer syntaktischen Konstruktion, die dem Leser nicht auf Anhieb verständlich wird und ihn daher ärgert. Auch »zwecks« kommt bei W. S. II mehrmals vor – »ein Wort der Amtssprache«; es »sollte außerhalb dieses Bereiches nicht verwendet werden« (Duden). Nur »behufs« fehlt in diesem erlauchten Kreis von Kanzleiwörtern.

Über den Wert und Unwert des Nominalstils läßt sich trefflich streiten. In seiner eigenen Stillehre nimmt W. S. II die pauschale Ablehnung nominaler Konstruktionen zu Recht unter Beschuß: Derartige Sätze könnten »Knappheit« und »Verdichtung« ermöglichen.

Diese Erkenntnisse kleidet er anschließend in zwei Regeln, deren Formulierung in absurder Weise dem angestrebten Ziel widerspricht – ein typischer Rohrkrepierer:

> **Ihr Gebrauch sollte erstens in jedem einzelnen Falle wohlüberlegt und zweitens nicht in übertriebener Häufigkeit erfolgen.**

Wie wäre es mit dem »knappen« und »verdichteten« Satz:

> **Sie sollten stets wohlüberlegt und nicht allzu häufig verwendet werden.**

Und noch ein Rohrkrepierer. Zunächst trällert der Autor belustigt: »Gefährlich ist's, das *um* zu wecken ...«. Später begeht er genau den Fehler, der zum Horror-Arsenal aller Sprachkritiker gehört: nicht beabsichtigte Finalsätze mit *um* zu produzieren. Nach Auskunft des Autors »erstrahlen« nämlich Fremdwörter »wie Kometen im Wörteruniversum, um mit der Zeit zu verblassen.« Ça y est!

Doch im gegnerischen Lager ist auch W. S. I nicht immer so »korrekt« und »verständlich«, wie er es von jedem anständigen Deutschbenutzer immer wieder fordert. Ein Satz wie der folgende hat seinen Reiz:

> **Seit 1945 schwappt nun, vor allem aus Amerika, die englische Welle um die Erde, in der manche Sprache kaum noch zum Atemholen kommt.**

Der syntaktische Anschluß des Nebensatzes ist unklar: Der Leser bezieht »in der« zunächst fälschlich auf »die Erde« – erst beim zweiten Anlauf versteht er das vom Autor Gemeinte. Solche zeitraubenden zweiten Anläufe sollten die Autoren ihren Lesern ersparen. Hier genügt eine schlichte Umstellung:

Um die Erde schwappt, vor allem aus Amerika, seit 1945 eine englische Welle, in der manche Sprache kaum noch zum Atemholen kommt.

Auch in folgendem Beispiel erschließt sich dem Leser der Sinn des Satzes erst nach einigem Nachdenken, weil das syntaktische Geflecht nicht auf Anhieb eindeutig zu erkennen ist. Nachdenken sollen – und wollen – wir ja alle, aber nicht darüber, was der Satz wohl eventuell bedeuten könnte. Er lautet:

Sollte bis hierher Einigkeit bestehen, so ließe sich unser Grundrecht auf verständliche, angenehme, interessante Lektüre zu drei Grundforderungen zusammenfassen – Regeln, über die sich die Dichter und die Stillehrer seit Johann Christoph Gottscheds »Grundriß einer vernunftmäßigen Redekunst« von 1728 ziemlich einig sind: – – –

– und jetzt erwartet der Leser die drei Regeln. Pustekuchen! Die Dichter und Stillehrer läßt der Autor aufmarschieren:

– – – Lessing, Jean Paul, Schopenhauer mit Ingrimm und Fleiß; Lichtenberg, Goethe, Nietzsche in aphoristischen Erleuchtungen ...

Nunmehr ist der Leser vollends irritiert: Soll er »Ingrimm und Fleiß« nur Schopenhauer zugestehen – oder auch den beiden anderen Kollegen? Soll er »aphoristische Erleuchtungen« nur bei Nietzsche vermuten – oder auch bei Lichtenberg und Goethe? Fragen, die nur der Autor beantworten kann ...

Zuweilen bringt ein Autor Sätze hervor, die auf Anhieb verständlich sind, obwohl sie unter einer schiefen Konstruktion ächzen. Zwei Beispiele aus dem Buch von W. S. II mögen dies zeigen. Das erste:

Selbstverständlich können die folgenden Angaben lediglich exemplarischen Aussagewert beanspruchen, und wieder nur trockene Zahlen, Namen und Titel.

Der auf »und« folgende Teilsatz hängt ohne syntaktische Anbindung in der Luft. Vorschlag:

Selbstverständlich beanspruchen die folgenden Angaben – wieder nur trockene Zahlen, Namen und Titel – lediglich exemplarischen Aussagewert.

Das zweite Beispiel:

Daß im Deutschen die schlechteste Prosa geschrieben werde, darüber waren Eduard Engel mit Ludwig Reiners unter sich – zwecks Begründung ihrer Stilbücher – wie mit dem Philosophen der Sprachkrise, Friedrich Nietzsche, einig ...

Daß dies schlechte Prosa ist, darüber sind wir uns, liebe L...., wohl einig. Auf engstem Raum wird hier möglichst viel falsch gemacht:

- »Zwecks Begründung« ist hölzernes Amtsdeutsch.
- Der so begonnene Einschub ist nicht in den Satz integriert.
- »Unter sich« signalisiert scheinbar den Schluß des Satzes.
- das zu »unter sich« gehörende »einig« folgt, durch zwölf Wörter getrennt, in unerträglich langem Abstand.

Diesen windschiefen Satz könnte man so ins Lot bringen:

Ihre Stilbücher rechtfertigen Eduard Engel und Ludwig Reiners damit, daß im Deutschen die schlechteste Prosa geschrieben werde – und wußten sich darin einig mit Friedrich Nietzsche, dem Philosophen der Sprachkrise ...

Auch über die metaphorische Ausschmückung von Texten lernen wir aus beiden Büchern: durch abschreckende Beispiele. Wir stoßen auf fragwürdige Metaphern und auf manchen Bildbruch – die Vermengung nicht zusammengehörender Metaphern (sogenannte Katachrese).

Da überreicht W. S. I eine orchideenhafte Stilblüte, die uns in den tropischen Regenwald entführt. Die Zumutung von Schachtelsätzen zurückweisend, fragt er:

Ist der Leser ein Affe, der sich gutmütig, ja begeistert an jenem Schlinggewächs zurückhangeln soll, das der Schreiber ihm um die Ohren geschlagen hat?

An anderer Stelle gelingt es ihm, Zahnärzte und Köche in einer barocken, doch leider bildbrüchigen Metapher zusammenzuführen:

> **Verzichte auf jeden Versuch, deinen Wortschatz in der Mundhöhle zum Salat anzurichten.**

Noch eindrucksvoller: Der Leser wird zum Hund. »Faß die Sache!« ruft der Autor ihm zu. Leider versaut der Hundehalter diese schöne Metamorphose, indem er den eben zum Hund Verwandelten gleichzeitig zu einer Katze macht und sie/ihn auffordert: »Umkreise nicht den heißen Brei – beiß zu!«

Vielleicht entscheidet sich der Autor in einer späteren Auflage für den Leser als Trüffelschwein, das nach stilistischen Delikatessen sucht.

Doch auch W. S. II auf der Gegenseite liefert Eindrucksvolles. Den Mediziner dürfte interessieren, daß der Autor »ein gewisses Stirnrunzeln durchscheinen« läßt und daß man »seiner sprachkritischen Ader glossenweise Luft« machen kann.

Moralisch nicht unbedenklich, wenngleich von großer sprachlicher Schönheit, erscheint mir des Autors Aufforderung zum Kannibalismus:

> **Wir verrühren die Sprachkritiker... mit den populären Stillehrern in einem großen Topf, um sie dann... durch das feinmaschige Sieb sprachwissenschaftlicher Gegenkritik zu schütten.**

Schließlich erfahren wir aus dem Buch von W. S. I auch etwas über das stilistische Baukastenprinzip: die Art und Weise, wie Sätze zu größeren Struktureinheiten gefügt werden.

Von alters her bei Autoren jeglicher Couleur beliebt ist die Organisation in Triaden. Das heißt: Drei gleich (oder ähnlich) gebaute Sätze ergeben oder markieren einen Textabschnitt.

Solche triadischen Gliederungen können, maßvoll eingesetzt, einem Text zusätzlichen Glanz verleihen und dessen Autor als souveränen Gestalter erscheinen lassen. Doch wenn das ohnehin auffällige triadische Prinzip mit anderen stilistischen Preziosen kombiniert wird, ist die Grenze zur protzigen Darbietung schnell erreicht oder gar überschritten – zumal in einem Sachtext:

> **Wörter sind heilig, Wörter sind köstlich: Sie tragen die Wünsche und Gebete, die Hoffnung und den Trost, den Witz und die Poesie. Wörter sind Waffen: Sie verführen, sie befehlen, sie beschimpfen ... Wörter sind Tölpel: Sie sind vieldeutig, mißverständlich ...**

Triade plus daktylisch auffälliger Rhythmus plus Wortpathos ergeben jenen seltsamen Stil, den die Wochenschrift DIE ZEIT immer wieder zu Recht als »Journalistenpoesie« brandmarkt.

Die Überdosis eines stilistischen Kunstgriffs führt unweigerlich zur Marotte, die dem Leser auf die Nerven geht. Im vorliegenden Fall ist die Neigung, die Dreizahl als Strukturprinzip zu benutzen, so ausgeprägt, daß man fast einen religiösen Hintergrund (oder den Einfluß der triadisch gebauten *Göttlichen Komödie* Dantes) vermuten könnte.

Merke: Auch Stilmeister schreiben nicht immer makellos – und Wissenschaftler tun sich stilistisch schwer. Wenn sie sich über Stil streiten, sollten sie dies daher nicht mit dem Anspruch auf Unfehlbarkeit tun. Auch mehr – vielleicht sogar humoristisch getönte – Gelassenheit wäre angebracht.

Und nun zu den Theologen. Die stehen ja auch in den Vorlesungsverzeichnissen unserer Universitäten ganz vorne.

7. Wie Theologen *nicht* schreiben sollten

Tunlichst beginnt man Ausführungen über die Sprache der Theologen mit einem Zitat aus der Bibel, die uns Deutsche ohnehin am häufigsten mit solchen Rückgriffen auf bereits Gesagtes versorgt.

Wie Sie sehr bald verstehen werden, liebe L...., bietet sich als Motto für dieses Kapitel ein Gotteswort aus dem ersten Buch Mose (11.7) an:

> **Wohlauf, laßt uns herniederfahren und dort ihre Sprache verwirren, daß keiner des anderen Sprache verstehe.**

Die Autoren des neuen Katholischen Katechismus – nur um ihn soll es hier gehen – scheinen späte Opfer dieser göttlichen Drohung geworden zu sein. Verwirrend ist ihre Sprache aus mehreren Gründen:

- Sie drücken sich unklar aus.
- Sie verwenden einen eigentümlichen Fachjargon.
- Sie schreiben nicht wie Theologen, sondern wie Angehörige anderer Berufsgruppen: wie Beamte, Juristen oder Politiker.

Ursache mancher Unklarheit ist eine mehrdeutige Konstruktion des jeweiligen Satzes. Paragraph 24 etwa beginnt so:

> **Wegen seiner Zielsetzung kann dieser Katechismus nicht selbst jene Anpassungen in der Darlegung und den katechetischen Methoden vornehmen, welche die Unterschiede in den Kulturen, Lebensphasen, im geistlichen Leben, in den gesellschaftlichen und kirchlichen Situationen der Adressaten erfordern.**

Der Kasus der Wörter »welche« und »die Unterschiede« ist nicht deutlich erkennbar, zumal das transitive Verb »erfordern« sehr spät erst am Ende des Satzes auftaucht. Ist »welche« Nominativ und »die Unterschiede« Akkusativ? Oder umgekehrt? Umgekehrt natürlich – doch dies weiß man erst nach einer zweiten Lektüre dieses aufgeblähten Satzes. Ihm wäre leicht zu helfen:

> **... welche durch die Unterschiede in den Kulturen, Lebensphasen, im geistlichen Leben, in den gesellschaftlichen und kirchlichen Situationen der Adressaten eigentlich erforderlich wären.**

Aus demselben Grund ist auch der Paragraph 170 verwirrend:

> **Wir glauben nicht an Formeln, sondern an die Wirklichkeiten, die diese ausdrücken...**

Was drückt was aus? Wiederum scheint das erste Pronomen des Relativsatzes Subjekt zu sein – und das zweite ein Akkusativobjekt? Falsch. Gemeint ist:

> **Wir glauben nicht an Formeln, sondern an die durch sie ausgedrückten Wirklichkeiten...**

Manchmal verhindert ein Knäuel syntaktischer Beziehungen das sofortige Verstehen eines Satzes. Im Paragraphen 216 lesen wir:

> **Gott, der Einzige, der Himmel und Erde erschaffen hat, ist auch der Einzige, der die wahre Erkenntnis alles Geschaffenen in seinem Bezug zu ihm schenken kann.**

Im letzten Relativsatz kann sich alles auf alles beziehen. Sie können, liebe L...., selbst alle Möglichkeiten ausprobieren – und sich vielleicht dennoch nicht für eine Lösung entscheiden. Ich für meinen Teil vermute, daß die Autoren gemeint haben:

> **Gott, der Einzige, der Himmel und Erde erschaffen hat, ist auch der Einzige, der in seinem Bezug zur Schöpfung die wahre Erkenntnis schenken kann.**

Schließlich noch ein Beispiel aus dem Abschnitt über den Sündenfall. Gerade bei einer solch zentralen, von den Theologen als Theodizee diskutierten Problematik erwarten die gläubigen Leser ein Höchstmaß an Präzision. Vergeblich. Am Ende des Paragraphen 385 heißt es:

> **Wenn wir uns der Frage nach dem Ursprung des Bösen stellen, müssen wir also den Blick unseres Glaubens auf den richten, der allein dessen Besieger ist.**

»Dessen« bezieht sich scheinbar auf den nahen »Glauben« – und nicht auf das weiter entfernte »Böse«, das ja gemeint ist. Besser wäre:

> **Fragen wir nach dem Ursprung des Bösen, müssen wir gläubig auf dessen alleinigen Besieger blicken.**

Nur am Rande sei auf einige Konstruktionen verwiesen, die das Verstehen des Textes zwar nicht nennenswert erschweren, aber dennoch Ausdruck sprachlicher Unbeholfenheit sind.

In Paragraph 210 »hört Gott auf die Fürbitte des Mose und nimmt es auf sich, mit seinem untreuen Volk mitzuziehen«. Die Vorsilbe »mit-« hätten sich die Autoren ruhig sparen können.

Der zitierte Satz erinnert mich an ein bemerkenswertes Beispiel volkstümlicher Stilistik aus meiner rheinischen Heimat. Mit dem parodistischen Satz »Komm' bei mich bei!« wurden stilistische Mängel der geschilderten Art einfach, aber wirkungsvoll entlarvt.

Auch im Katechismus fehlt nicht die Häufung von Genitiven in Folge – eine in vielen deutschen Texten verbreitete Unsitte, die vom alten Eduard Engel sarkastisch so beschrieben wurde:

> **Gefährlich wird der Genitiv, wo er in Massen auftritt, ähnlich den Wanderraupenzügen ...**

Noch relativ übersichtlich heißt es in Paragraph 214 des Katechismus:

> **Diese beiden Begriffe drücken das Wesentliche des Reichtums des göttlichen Namens aus.**

Warum nicht so:

> **Diese beiden Begriffe drücken aus, was den Reichtum des göttlichen Namens wesentlich ausmacht.**

Aufdringlich macht sich der Genitiv im Paragraphen 292 breit:

> **Die unzertrennliche Einheit des Schöpferwirkens des Sohnes und des Geistes mit dem des Vaters wird im Alten Testament ausgedeutet.**

Besser wäre:

> **Im Alten Testament wird ausgedeutet, daß des Sohnes Schöpferwirken mit jenem des Geistes und des Vaters eine unzertrennliche Einheit bildet.**

Wie die Angehörigen jeder anderen Berufsgruppe bedienen sich auch Theologen eines Jargons: einer Fachsprache, die nur ihnen eigentümlich ist – aber auch eigentümlich auf Außenstehende wirkt. Hier geht es weniger um den Satzbau als um Wortwahl und Wortbedeutung. In seinem Jargon verwendet der Experte Wörter, die sonst nicht – oder mit anderer Bedeutung benutzt werden.

Auch im Katechismus stößt man auf Wörter, die im gewöhnlichen Leben nicht oder nicht mehr vorkommen: Zu viele der dort verwendeten Begriffe sind Raritäten.

Welcher Gläubige kann mit »Angeld« (veraltet für »Handgeld«) etwas anfangen? Vor allem aber muß sich im Katechismus alles mögliche »ausfalten«:

– ein Glaubensartikel,
– das liturgische Jahr,
– Reichtümer.

Die Sätze, in denen es zur Ausfaltung kommt, sind nicht immer auf Anhieb verständlich. Greifen wir den Anfang des Paragraphen 212 heraus:

> **Im Lauf der Jahrhunderte konnte der Glaube Israels die Reichtümer, die in der Offenbarung des Namens Gottes enthalten sind, ausfalten und sich in sie vertiefen.**

Was ist hier mit »Ausfalten« gemeint? Deutung der Offenbarung? Weiterentwicklung dieses Deutens? Sollen doch die Autoren diese Probleme für die Gläubigen ausfalten.

Auch im folgenden Beispiel wird der Text durch die Verwendung fachsprachlichen Jargons nicht deutlicher. Paragraph 1171 beginnt:

Das liturgische Jahr ist die Ausfaltung der verschiedenen Aspekte des einen Pascha-Mysteriums.

Man ahnt, daß die Autoren meinten:

Im liturgischen Jahr werden die verschiedenen Aspekte des einen Pascha-Mysteriums sichtbar.

Viel mehr noch wird im Katechismus irgend etwas auf etwas anderes »hingeordnet«:
– die Sendung des Heiligen Geistes auf die des Sohnes
– die Schamhaftigkeit auf die Keuschheit
– Wissenschaft und Technik auf den Menschen
– die Selbstbeherrschung auf die Selbsthingabe
und so weiter und so fort: In Dutzenden von Beispielen wird hingeordnet, daß es seine Art hat.

Wiederum leidet die Verständlichkeit des Textes durch die Verwendung eines fachsprachlichen Ausdrucks: Dem Laien – auch für ihn ist der Katechismus ja verfaßt – ist die »Hinordnung« unbekannt. Deren Bedeutung muß er sich mühevoll erst erarbeiten. Dies ist um so beschwerlicher, als dieses Wort sich in keinem Wörterbuch findet, also offenbar eine theologische Neuzüchtung ist. Es kommt dann zu manch unklarem Satz wie dem folgenden:

Die Sendung des Heiligen Geistes ist stets mit der des Sohnes verbunden und auf sie hingeordnet.

Auch dieser Satz macht uns zunächst ratlos. Vielleicht ist gemeint:

Die Sendung des Heiligen Geistes ist stets mit der des Sohnes verbunden und findet erst in ihr Erfüllung.

Zum theologischen Jargon gehören auch neue, exotisch wirkende Komposita. »Vollmaß«, »Vollsinn« (wohl eher im Anschluß an »Vollkorn« oder »Vollwert« als an »Vollrausch« gebildet) kann man noch verkraften. Doch sollen sich die gläubigen Leser Ungetüme gefallen lassen wie etwa »Gehorsamserweis«, »Ganzhingabe« oder gar »Heilsratschlüsse«?

Daß solche substantivischen Komposita der – heute ohnehin in allen Textarten verbreiteten – Neigung zum Nominalstil entgegenkommen, liegt auf der Hand. Nehmen wir uns den Paragraphen 916 vor:

> **Der Ordensstand stellt also eine Art »tieferer Weihe« dar, die in der Taufe wurzelt und eine Ganzhingabe an Gott ist.**

In dieser monströsen »Ganzhingabe« kulminiert der Nominalstil. Dem – hoffentlich auf ewig anonym bleibenden – Erfinder dieses Kompositums ist es gelungen, die lebendige Verbalphrase »sich ganz hingeben« durch einen statischen Begriff zu ersetzen.

Einer anderen Neuschöpfung begegnen wir im Paragraphen 591:

> **Ein solcher Glaubensakt erfordert jedoch ein geheimnisvolles Sich-selbst-Absterben, um, durch die göttliche Gnade angezogen, »von oben her geboren« zu werden.**

Solches »Sich-selbst-Absterben« ist in der Tat geheimnisvoll: Das Geheimnis seiner Bedeutung wird wohl nie gelüftet werden. Dieser substantivische Infinitiv ist bereits deswegen unverständlich, weil das reflexive Ausgangsverb »sich selbst absterben« zumindest dem normalen Sterblichen unbekannt ist. Daß der ganze Satz sowieso verkorkst ist, weil man verzweifelt nach dem Subjekt des Partizipialsatzes sucht, sei nur am Rande vermerkt.

Zum Jargon der Theologen gehört auch eine »brüderliche« Art, sich auszudrücken. Im Katechismus herrscht nämlich Frauenmangel. Zwar ist gelegentlich von gläubigen »Brüdern und Schwestern« die Rede (etwa in den Paragraphen 924, 932, 1033). Zwar ist Gott »weder Mann noch Frau«. Doch beunruhigend häufig bleiben die Frauen außen vor.

Wir lesen oft von »Brüdern im Herrn«, von »brüderlicher« Liebe, Achtung, Gesinnung, Beziehung, Zurechtweisung, Gemeinschaft, Sorge – wo bleiben die Schwestern?

Symptomatisch und absurd: Im Register wird unter dem Stichwort »Geschwisterlichkeit« auf die Paragraphen 815 und 821 verwiesen. Und was liest man dort? »Brüderliche Eintracht« und »brüderliche Kenntnis«. Brüder haben es sprachlich offenbar leichter als Schwestern.

Wir hören von »Söhnen Gottes« – wo bleiben die Töchter? Wir erfahren, der Mensch sei »sozusagen der Vater seiner Handlungen« – wo bleiben die Mütter?

Doch nicht immer verwenden die Autoren des Katechismus den eigenartigen Fachjargon der Theologen, sondern reden wie in langem Dienst ergraute Beamte einer göttlichen Strafverfolgungsbehörde mit geringem Frauenanteil oder wie die Mitarbeiter einer päpstlichen Hauptabteilung für Seelenverwaltung. Sie reden nicht wie Seelsorger, denen der Mensch am Herzen liegt.

Solches Sprachgebaren stimmt uns traurig (wegen des seelsorgerischen Fehlschlags), aber auch heiter (wegen der überzeugenden – wenngleich nicht beabsichtigten – Komik).

Nicht zufällig finden sich sprachliche Monstrositäten gehäuft an den neuralgischen Punkten der katholischen Morallehre – dort, wo sich die Katecheten um das Geschlechtsleben der Gläubigen sorgen.

Aus sexuellem Verlangen wird in Paragraph 2515 eine »Regung des sinnlichen Strebevermögens« – eine Regung, die sich im deutschen Sprachraum sonst nicht beobachten läßt.

Und wissen Sie, liebe L...., was sich die Verfasser im Paragraphen 2525 unter »diffuser Erotik« vorstellen? Wohl verstehe ich, was sie wollen: »eine Reinigung des gesellschaftlichen Umfeldes«. Einschlägige Säuberungen kennen wir ja zur Genüge.

Besonders die bayerischen Gläubigen dürfte interessieren, daß Fensterln (fast wie im Königlich Bayerischen Amtsgericht) als »Versuchsrecht« definiert wird:

> **Manche, die zu heiraten beabsichtigen, beanspruchen heute eine Art Versuchsrecht.**

Dieses Ersuchen ist abzulehnen, denn – endlich einmal ein klares Wort – »der Geschlechtsakt darf ausschließlich in der Ehe stattfinden«.

Überhaupt beeindruckt die Vielfalt der Benennungen dieses ominösen Aktes. Eine »leibliche Vereinigung« läßt man sich ja noch gefallen. Gräßlich ist jedoch der juristisch klingende »Vollzug des ehelichen Aktes«. »Vollzogen« und »übereignet« wird in Paragraph 2362:

> **Jene Akte ... bringen, wenn sie human vollzogen werden, jenes gegenseitige Übereignetsein zum Ausdruck und vertiefen es ...**

Im darauffolgenden Satz stellen die Verfasser tollkühn fest: »Die Geschlechtlichkeit ist eine Quelle der Freude und Lust.« Verboten ist allerdings »ein ungeregelter Genuß der geschlechtlichen Lust ...«.

Diese vergeht den Eheleuten wohl völlig, wenn sie über Empfängnisverhütung in der Ehe-Vollzugs-Anstalt aufgeklärt werden (Paragraph 2370):

> **Hingegen »ist jede Handlung verwerflich, die entweder in Voraussicht oder während des Vollzuges des ehelichen Aktes oder im Anschluß an ihn beim Ablauf seiner natürlichen Auswirkungen darauf abstellt, die Fortpflanzung zu verhindern ...«**

Grundsätzlich gilt jedoch: »Aus berechtigten Gründen dürfen die Eheleute für Abstände zwischen den Geburten ihrer Kinder sorgen wollen.«

Wollen dürfen einige Randgruppen überhaupt nichts. Homosexuelle sollen gefälligst »Selbstbeherrschung« zeigen und – falls sie die folgende Aufforderung verstehen – »die Schwierigkeiten, die ihnen aus ihrer Veranlagung erwachsen können, mit dem Kreuzesopfer des Herrn ... vereinen«. Immerhin ist ihnen »mit Achtung, Mitleid und Takt zu begegnen« (Paragraph 2358).

Auch den Randgruppen der Masturbateure und außerehelich

Liebenden wird die Ausübung sexueller Tätigkeiten untersagt. Die Masturbation ist »eine in sich schwere ordnungswidrige Handlung« (wieso eigentlich »in sich«?) und die Unzucht »ein Fehlgriff des Willens«.

Überhaupt werden an allen Ecken und Enden des Katechismus Ausdrücke des polizeilich-administrativen Bereichs verwendet. Menschen sind dem Gesetz »unterstellt«, aber auch Tiere dem Menschen. Andererseits »unterstehen« Tiere der göttlichen Vorsehung – wie auch die Leidenschaften der Vernunft.

Eher buchhalterisch wird die Sprache bei der Bewertung der Prostitution: »Notlagen ... können die Anrechenbarkeit der Verfehlung mindern.« Für derartige Bilanzierungen gibt es, wie es sich gehört, feste Richtlinien: »Jede direkt gewollte Tat ist dem Handelnden anzurechnen.« (Paragraph 1736) Doch sieht Paragraph 1735 vor:

> **Die Anrechenbarkeit einer Tat und die Verantwortung für sie können durch Unkenntnis, Unachtsamkeit, Gewalt ... vermindert, ja sogar aufgehoben sein.**

Hier werden Sünden wie Sonderausgaben behandelt, die man von der Steuer absetzen kann.

Die unzüchtig Liebenden werden im Juristenjargon beschrieben (Paragraph 2390):

> **Ein Verhältnis liegt dann vor, wenn ein Mann und eine Frau sich weigern, ihrer auch die sexuelle Intimität einbegreifenden Beziehung eine öffentliche Rechtsform zu geben.**

Und was sollen die Priester mit ihrem »sinnlichen Strebevermögen« (Paragraph 2515) anfangen? Ignorieren sollen sie es. Um ihnen dies, den Zölibat also, zu erleichtern, ist die betreffende Passage in hymnischem Stil verfaßt, der die prosaischen Niederungen eines Sachtextes weit unter sich läßt und die Sätze unversehens zu Versen mutieren läßt (Paragraph 1579) – auch dies ein Stilbruch:

> **Der Zölibat ist ein Zeichen des neuen Lebens,**
> **Zu dessen Dienst der Diener der Kirche geweiht wird;**

> **Mit freudigem Herzen auf sich genommen,**
> **Kündigt er strahlend das Reich Gottes an.**

In jener Passage, in der die Bedeutung Marias beschrieben wird, stellt sich ein ähnlich hymnischer Effekt ein – nicht durch ungewollte Verse, sondern durch einen metaphorischen Überfluß ohne Beispiel (Paragraph 970):

> **Denn jeder heilsame Einfluß der seligen Jungfrau auf die Menschen ... fließt aus dem Überfluß der Verdienste Christi hervor ...**

Drei Arten (Vorsicht: Triaden!) von Stilbrüchen haben wir bisher im Katechismus angetroffen: die einem theologischen Werk nicht angemessene Verwendung bürokratischer, juristischer und dichterischer Ausdrucksweisen. Ein viertes Stilregister kommt hinzu: jenes, das in Deutschlands unseliger Zeit von den damaligen Machthabern benutzt wurde.

Vor allem zwei einschlägige Begriffe kommen im Katechismus vor: der »Endsieg« (nur einmal – doch dies reicht schon) und »Ausrichtung« oder »ausrichten« (in Dutzenden von Fällen).

Vom »Endsieg« Christi zu reden (Paragraph 410) zeugt von bemerkenswerter sprachlicher Fahrlässigkeit. Dieses (von den Nazis nicht erfundene) Lieblingswort der NS-Propaganda hat bis heute – wie auch die Zuordnungen der Wörterbücher beweisen – seinen braunen Farbton nicht verloren. Der »Endsieg« gehört zu jenen Wörtern, die »vielleicht auf immer einen bösen Klang behalten« (Karl Korn).

Zu diesen belasteten Wörtern gehört auch die »Ausrichtung« – von Dolf Sternberger vor Jahrzehnten zur »Sprache des Unmenschen« gerechnet. Heute hat dieses Wort zwar viel von seinem NS-Schrecken verloren, doch steht es immer noch für straffe Orientierung an einer Ideologie.

Jedenfalls wird es Sie, liebe L...., schaudern, in einem Werk religiöser Belehrung einem Satz wie dem folgenden zu begegnen:

> **Die Freiheit erreicht dann ihre Vollendung, wenn sie auf Gott, unsere Seligkeit, ausgerichtet ist (Paragraph 1731).**

Auch die schönen Künste »sind ausgerichtet auf die ... Schönheit Gottes« (Paragraph 2513).

Besonders peinlich wirkt das Kommando »Ausrichten!«, wenn es die christliche Nächstenliebe betrifft (Paragraph 2488):

> **Das Leben ist nach dem Gebot der Nächstenliebe des Evangeliums auszurichten.**

Zu Befehl, Herr Katechismuskommissionsvorsitzender!

Neben solchen Nachklängen aus vergangenen strammen Zeiten enthält der Katechismus auch Proben neuesten deutschen Sprachnebels. Das unsäglich vage »irgendwie« taucht mehrmals auf, etwa im folgenden (auch aus anderen Gründen mißlungenen) Satz (Paragraph 388):

> **Obwohl das Gottesvolk des Alten Bundes im Licht der im Buche Genesis erzählten Geschichte vom Sündenfall die menschliche Daseinsverfassung irgendwie erkannte, konnte es den letzten Sinn dieser Geschichte nicht erfassen...**

Und in »diesem unserem« Katechismus darf jene eigenartige, von manchem Politiker und Kabarettisten geschätzte Kombination zweier Fürwörter nicht fehlen: »dieses sein Tun« oder »diese seine Gebete«.

Die Verfasser des Katechismus hätten Matthäus 26,73 beachten sollen (»Deine Sprache verrät dich«) – oder wenigstens Hans Küng, einen ihrer brillant schreibenden Kollegen:

> **Christi Botschaft war nicht so kompliziert wie unsere Katechismen... Er predigte das baldige Kommen des Reiches Gottes unwissenschaftlich, mit einfachsten Worten, mit Vergleichen, Geschichten, Parabeln.**

Christus war eben – in Küngs Worten – »kein professioneller Theologe«.

8. Gesetze und Kommentare

Ich werde mich hüten, dieses Kapitel mit einer Klage über das schlechte Deutsch der Juristen zu beginnen. Statt dessen biete ich Ihnen, liebe L...., ein Lob ihrer Sprache an. Das Deutsch der Juristen ist nämlich besser als sein Ruf.

Ich meine nicht die Sprache jener Rechtskundigen, die der Ansicht huldigten, das Verfassen dichterischer Texte sei kurzweiliger als das Formulieren von Schriftsätzen, Gerichtsurteilen oder juristischen Lehrbüchern und Kommentaren.

Ich meine also nicht Goethe, E. T. A. Hoffmann, Heinrich Heine oder Franz Kafka – Schiller schon gar nicht, der das Studium der Jurisprudenz zugunsten der Medizin aufgab und Regimentsmedikus wurde.

Nein – die Rede ist von einer Sprache des Rechts, die klar, jedem verständlich, ja sogar schön sein kann. Bereits hier möchte ich den Juristen Gustav Radbruch mit einem Zitat ins Spiel bringen: »Restlose Klarheit ist zugleich Schönheit«, schrieb er einmal – recht hat der Rechtsgelehrte.

Solch klare, schöne Sprache findet sich gelegentlich in Gesetzestexten, vor allem aber in Büchern, die von Juristen für ein größeres Publikum geschrieben wurden und von jenen Kollegen, die sich Laien nicht verständlich machen können, verächtlich als »populär« oder »populärwissenschaftlich« bezeichnet werden.

Von derartigen denunziatorischen Äußerungen haben sich gerade einige der hervorragendsten Vertreter ihres Faches nicht beirren lassen und auch »populäre« Schriften verfaßt – für das sogenannte »gemeine Volk« also. Ein solches Publikum besteht aus Laien, ist aber deswegen nicht unverständig und daher minderen Ranges. »Man kann dem Publikum keine größere Achtung bezeigen, als indem man es nicht wie Pöbel behandelt.« Dieser schöne Satz stammt leider nicht von mir, sondern von

Goethe – einem Autor, der populistischer Anbiederung sicher nicht verdächtigt werden kann.
Der Fachmann kann übrigens den Laien auf zweierlei Weise mißachten: durch Ignorieren – oder eben durch Anbiedern. Beide Verhaltensweisen machen dem Laien unmißverständlich klar, daß der Experte ihn nicht für voll nimmt. Herablassend tönt ein angesehener Verfassungsrechtler in seiner Einführung zum Grundgesetz:

> **Damit, lieber Leser, wollen wir unseren ersten Rundgang durch das Grundgesetz beenden. Jetzt wandern Sie mit dem Büchlein allein weiter... Und wenn wir uns dann wieder begegnen, tun wir es in einem ganz dicken Grundgesetzkommentar...**

Stilistisch interessiert uns hier folgendes: So redet man nicht mit einem geistig gesunden Erwachsenen – so betulich und krampfhaft schlicht redet man mit Kindern oder geistig Zurückgebliebenen. Besonders der »ganz dicke« Kommentar ist verräterisch: Ein Adjektiv wie »ausführlich« oder »umfangreich« wollte der Autor seinem Laienpublikum wohl nicht zumuten.
Eine andere beliebte Variante gelehrter Herablassung findet sich in derselben juristischen Einführung: Der Verfasser zieht die Leser plump ins Vertrauen, wird eben »plump vertraulich«, indem er diesen ungebeten irgendwelche privaten Meinungen über Gott und die Welt aufdrängt. Etwa:

> **Haß und Häme gegen den *eigenen* Staat sind offenbar jedoch unausrottbar. Der »Selbsthaß« unserer »Intelligenzler« ist weder schick noch politisch. Es ist die Neurotik von Leuten, die auch gern in dem Zug (der Geschichte) gesessen hätten... Und da haben sie uns halt die Freude... verbieten wollen. Denkste! Der Dürig jedenfalls war (und ist) sehr glücklich über unser »einig Vaterland«.**

Dies ist der Stemmler auch – nur glaube ich nicht, daß solche Bekenntnisse das Lesepublikum übermäßig interessieren. Und politische Diffamierungen schon gar nicht.

Der Herr Dürig könnte sich ein Beispiel an seinem Kollegen Radbruch nehmen. Dessen *Geist des englischen Rechts* oder *Einführung in die Rechtswissenschaft* sind Beispiele für im besten Sinne »populärwissenschaftliche« Bücher: Sie enthalten zwar – *horribile dictu* – keine oder wenige Fußnoten, sind aber dennoch wissenschaftlich seriös. Ihr Stil ist verständlich – doch nicht von kränkender Schlichtheit.

Daß solche Werke gelegentlich geistreiche, ja witzige Formulierungen enthalten, läßt sie der Fachwelt hierzulande vollends suspekt erscheinen. Soll man etwa die Bemerkung Gustav Radbruchs noch zulassen, der Reichstag im alten Kaiserreich habe »viel zu reden, doch wenig zu sagen« gehabt?

In England dagegen ist Witz kein Vorwurf, sondern Vorzug – in allen wissenschaftlichen Disziplinen. In einer Rezension ärgerte sich unlängst der englische Historiker Evans über den deutschen Fachkollegen Nipperdey, da er in dessen *Deutscher Geschichte* (ich zitiere in deutscher Übersetzung) »auf 834 Seiten Text keinen einzigen Scherz, nicht einmal das fahle Schimmern gelehrten Witzes« entdecken konnte.

»Humor diskreditiert« – meinte Kurt Tucholsky und beschrieb somit treffend die Haltung vieler deutscher Wissenschaftler gegenüber ihren Texten, die in der Tat von bestürzender Humorlosigkeit geprägt ist. Nun fordere ich keineswegs die Kollegen (auch nicht die Juristen) zu allgemeiner, alberner Lustigkeit auf. Den Texten einiger wissenschaftlicher Branchen (der Medizin etwa) wäre außerhalb Englands sprachlicher Witz ohnehin nicht bekömmlich.

So ist zwar Hypochondrie ein vorzügliches Objekt komischer Darstellung – Molière fällt mir hier ein. Doch die Entnahme eines Blinddarms etwa eignet sich wenig für angenehme, witzige Sachprosa. Ich plädiere also lediglich für weniger Bierernst und für mehr humoristische Gelassenheit in wissenschaftlichen Texten – seien sie für Experten oder für Laien verfaßt.

Kehren wir von der humoristischen Utopie auf den Boden juristischer Sachprosa zurück, wie sie nun einmal ist. Doch bevor wir uns gemeinsam durch manches Satzgestrüpp schlagen und uns von stilistischen Sumpfblüten den Atem rauben lassen, reiche ich die versprochenen Beispiele klarer, verständlicher, schöner Juristensprache nach. Denn wenigstens so sollte sie beschaffen sein – wenn es mit dem Witz ohnehin hapert.

Daß solche Sprache zwar nötig ist, jedoch nicht leichtfällt und oft gar nicht gelingt, hat Lichtenberg aphoristisch zum Ausdruck gebracht:

> **Es ist eine große Frage, wodurch in der Welt mehr ist ausgerichtet worden: durch das gründlich Gesagte oder durch das bloß schön Gesagte. Etwas zugleich sehr gründlich und sehr schön zu sagen ist schwer ...**

Und wenn Ihnen der irrlichternde Lichtenberg als Gewährsmann nicht genügend zuverlässig erscheint, dann soll Sie der vielleicht mehr Vertrauen erweckende Großbürger Thomas Mann von der Notwendigkeit schöner Sachprosa überzeugen. Dieser macht unsere Frage nach dem guten Stil gar zu einer ethischen:

> **Volkswirtschaftliche Fragen – – –**

– er hätte auch »juristische« sagen können

> **– – – sind kein Anlaß zur Lyrik, aber eine gewisse Verbindung des Nützlichen mit dem Ehrenhaften, das heißt, mit dem Schönen, ist unzweifelhaft Bedingung der Menschenwürde.**

GRUNDGESETZ

Damit sind wir bei Artikel 1 des Grundgesetzes angelangt. Absatz 1 eben dieses Artikels möchte ich als Beispiel für klares, verständliches – und daher schönes – Deutsch zitieren:

> **Die Würde des Menschen ist unantastbar. Sie zu achten und zu schützen ist Verpflichtung aller staatlichen Gewalt.**

Zwei vorbildliche Sätze – jedem Bürger (um ihn geht es ja hier) auf Anhieb verständlich. Kein Wenn und Aber. Lakonisch kurz. Der erste Satz einfach, doch nicht simpel.

Der zweite rhetorisch anspruchsvoll – doch nicht kompliziert: Die übliche Wortstellung ist aufgegeben. Sie müßte eigentlich lauten: »Verpflichtung aller staatlichen Gewalt ist es, die Menschenwürde zu achten und zu schützen.« Ein solcher Satz würde in aufdringlicher Weise die »staatliche Gewalt« vor die »Würde des Menschen« stellen. Der tatsächliche Wortlaut setzt die Akzente richtig: In beiden Sätzen steht das zu schützende Gut jeweils am Beginn.

Dieses Gut ist überdies besser in der Formulierung »Würde des Menschen« aufgehoben als in dem Wort »Menschenwürde«: Die Würde soll betont werden. Daß es um jene des Menschen geht, ist selbstverständlich – dies kann an die zweite Stelle rükken.

Dieser Absatz 1 ist so eindrucksvoll, da sein Inhalt auf zwei überschaubare Sätze verteilt ist und nicht in einen einzigen, schlecht gelüfteten Satz eingesperrt wird. Die Väter – und Mütter – des Grundgesetzes hätten ja auch formulieren können:

> **Alle staatliche Gewalt ist verpflichtet, die Würde des Menschen, die unantastbar ist, zu achten und zu schützen.**

Ein fragwürdiger, unübersichtlicher Satz wäre dies gewesen.

Sätze, die ähnlich geglückt sind, wie jene des Artikels 1, Absatz 1 finden sich im Grundgesetz gar nicht selten. Nur wenige Beispiele kann ich hier vorstellen.

Artikel 14, Absatz 2 besteht, ähnlich wie der gerade analysierte Absatz, aus zwei Sätzen:

> **Eigentum verpflichtet. Sein Gebrauch soll zugleich dem Wohle der Allgemeinheit dienen.**

Auch hier wird ein hypotaktisch gegliederter längerer Satz vermieden, der etwa gelautet hätte:

> **Da Eigentum verpflichtet, soll sein Gebrauch zugleich dem Wohle der Allgemeinheit dienen.**

Statt dessen wird der kausale Zusammenhang auf zwei kurze Hauptsätze verteilt. »Eigentum verpflichtet« – kürzer geht's nimmer. Nicht nur nach des Linguisten Noam Chomsky Ansicht ist ein solcher Satz der denkbar kürzeste: Nominal- und Verbalphrase bestehen aus je einem Wort.

Mit ähnlich kategorischer Bestimmtheit verkündet Artikel 101, Absatz 1:

> **Ausnahmegerichte sind unzulässig. Niemand darf seinem gesetzlichen Richter entzogen werden.**

Die klarsten Sätze – das sieht man an diesen Beispielen – sind am schwierigsten durchzusetzen. Wie oft dient privates Eigentum der Allgemeinheit? Eher selten. Wie oft entzieht sich jemand seinem irdischen Richter? Eher häufig. Und wie steht es um die Durchsetzung jenes wohltuend klaren zweiten Satzes in Artikel 110, Absatz 1? Er lautet:

> **Der Haushaltsplan ist in Einnahme und Ausgabe auszugleichen.**

Diese Forderung gehört zu jenen Denkmodellen, die man zunächst in der Literatur- und Geistesgeschichte, dann im allgemeinen Sprachgebrauch als Utopie zu bezeichnen pflegt.

Doch nun zu den sprachlich eher düsteren Teilen unserer Verfassung. Wir beginnen mit läßlichen Sünden und widmen uns dann einigen der beliebtesten Todsünden wider den guten Stil.

Das Dativ-*e* wird im Grundgesetz durchweg verwendet. Dies ist altertümlich, meist überflüssig und klingt oft übel, da die heutige deutsche Sprache – die heutigE deutschE SprachE – ohnehin mit diesem unbetonten -*e* (einem durchaus diffusen Vokal) befrachtet ist: Er ist der am häufigsten im Deutschen vorkommende Vokal. »Generell«, so lesen wir im Duden, »gilt die Regel: Das -*e* wird zur Kennzeichnung des Dativs in der Gegenwartssprache nicht mehr gefordert.«

Im Grundgesetz lesen wir aber:

– dem Aufsichtsrate
– nach dem Wahlgange

- zu einem Beschlusse
- im Bundestage oder in einem seiner Ausschüsse
- aus diesem Grunde ist unzulässig
- vor dem Abschlusse eines Vertrages
- zwischen dem Antrage
- in diesem Bereiche

und so weiter und so fort. Besonders unschön: In vielen dieser Fälle stoßen Dativ-*e* und ein Vokal zusammen. Ein solcher sogenannter Hiatus wird sonst (nicht nur im Deutschen) aus Gründen des Wohlklangs vermieden.

Als stilistisch unschön gilt zu Recht das nicht funktionale Wiederholen von Wörtern. Deutlicher gesagt: Rhetorisch begründete Wiederholung von Wörtern, die man so betonen will – ja. Gedankenlose Wiederholung von Wörtern, zu denen einem kein Synonym einfällt – nein.

Artikel 87 d sieht vor:

> **(1) Die Luftverkehrsverwaltung wird in bundeseigener Verwaltung geführt.**
>
> **(2) Durch Bundesgesetz ... können Aufgaben der Luftverkehrsverwaltung den Ländern als Auftragsverwaltung übertragen werden.**

Hier wird die Verwaltung von ihren Verwaltern zu Tode verwaltet. Vielleicht könnten Juristen und Politiker sich für eine weniger monströse Verwaltung entscheiden. Etwa:

> **(1) Die Verwaltung des Luftverkehrs obliegt dem Bund.**
>
> **(2) Durch Bundesgesetz ... können Aufgaben der Luftverkehrsverwaltung an die Länder delegiert werden.**

Fast noch gräßlicher erscheint mir Absatz 1 des Artikels 136:

> **Der Bundesrat tritt erstmalig am Tage des ersten Zusammentrittes des Bundestages zusammen.**

Müssen solche Sätze sein? Sicher nicht. Zunächst einmal sollte das Adjektiv »erstmalig« durch das hier erforderliche Adverb »erstmals« ersetzt werden – wenn man es überhaupt benötigt. Dann könnte man den Satz etwa so umbauen:

> **Der erste Zusammentritt des Bundesrats erfolgt am gleichen Tag wie der des Bundestages.**

Nicht gerade schön – aber weniger häßlich. Oder vielleicht:

> **Erstmals tritt der Bundesrat am gleichen Tag wie der Bundestag zusammen.**

Zugegeben: Hier ist der Umbau schwierig.

Vor ähnliche Probleme stellt uns Absatz 2 des Artikels 115 d. Der dritte Satz lautet dort:

> **Soweit ZU einem Gesetze die ZUstimmung des Bundesrates erforderlich ist, bedarf es ZUM ZUstandekommen des Gesetzes der ZUstimmung der Mehrheit seiner Stimmen.**

Fünfmal wird uns hier vom Gesetzgeber das Wörtchen »zu« um die Ohren geschlagen – mal als Präposition, mal als Vorsilbe. So etwas gehört sich nicht: Kakophonisch klingt dieser Satz. Und arg deutlich ist er auch nicht. Eindrucksvoll allerdings die stolze Parade von vier aufeinanderfolgenden Genitiven:

> **... *des* Gesetzes *der* Zustimmung *der* Mehrheit sein*er* Stimmen.**

Ist diese Mißgeburt zu retten? Vielleicht. Nicht völlig befriedigend, doch weniger scheußlich wäre etwa der Satz:

> **Ein Gesetz, das die Zustimmung des Bundesrats erfordert, kommt zustande, wenn die Mehrheit seiner Stimmen zustimmt.**

Ein Prachtexemplar deutscher Syntax tritt uns in Absatz 3 des Artikels 77 entgegen: Es strotzt vor Genitiven in Folge und diversen kakophonischen Verfahren. Der Satz lautet:

> **Die Einspruchsfrist beginnt im Fall*e* des Absatzes 2 letzter Satz mit dem Eingang*e* des vom Bundestag*e* erneut gefaßten Beschlusses, in allen anderen Fällen mit dem Eingang*e* *der* Mitteilung *des* Vorsitzenden *des* in Absatz 2 vorgesehenen Ausschusses, *daß das* Verfahren vor dem Ausschuss*e* abgeschlossen ist.**

Dieses lallende, zischende, lahmende Ungeheuer kann man durchaus menschenfreundlicher gestalten. Etwa so:

Die Einspruchsfrist beginnt im Fall des Absatzes 2 (letzter Satz) mit dem Eingang des vom Bundestag erneut gefaßten Beschlusses. In allen anderen Fällen beginnt sie, sobald der Vorsitzende des in Absatz 2 vorgesehenen Ausschusses mitgeteilt hat, daß dieser das Verfahren abgeschlossen hat.

Sie werden, liebe L...., bemerkt haben, daß es inzwischen nicht mehr nur um Wohlklang geht, sondern um die Klarheit und Verständlichkeit juristischer Texte.

Diesen Anforderungen genügen längst nicht alle Artikel unseres Grundgesetzes. Gelegentlich drängt sich dem unbefangenen Leser gar der Verdacht auf, daß ein Artikel (aus welchen Gründen auch immer) bewußt undeutlich formuliert worden ist. Für mich als politischen Laien – doch keineswegs naiven Zeitgenossen – ist ein politischer Kompromiß vorstellbar, der in textlicher Unklarheit seinen sichtbaren Ausdruck findet: Auf Artikel 16 a, das Asylrecht betreffend, komme ich zurück.

Bevor ich die Höhepunkte deutscher Satzbaukunst im Grundgesetz vorstelle, erörtere ich einige Artikel, die sprachlich nicht völlig desolat, doch immerhin bedenklich sind. Nehmen wir uns zum Beispiel den Amtseid des Bundespräsidenten vor. Gemäß Artikel 56 lautet er:

Ich schwöre, daß ich meine Kraft dem Wohle des deutschen Volkes widmen, seinen Nutzen mehren, Schaden von ihm wenden, das Grundgesetz ... wahren und verteidigen, meine Pflichten gewissenhaft erfüllen und Gerechtigkeit gegen jedermann üben – – –

– und endlich kommt das seit langem heiß ersehnte Hilfsverb – – – »werde«. Dies ist kein schöner Zug dieses wichtigen Satzes. Doch sind solche einem Spagat ähnlichen Riesenklammern leider weit verbreitet. Es nimmt nicht wunder, daß diesem typisch deutschen Phänomen in der neuen Textgrammatik Harald Weinrichs nicht weniger als 54 Seiten gewidmet sind.

Warum kann der Amtseid des Bundespräsidenten nicht lauten:

Ich schwöre: Ich werde meine Kraft dem Wohle des deutschen Volkes widmen, seinen Nutzen mehren, Schaden von ihm wenden, das Grundgesetz wahren und verteidigen, meine Pflichten gewissenhaft erfüllen und Gerechtigkeit gegen jedermann üben. So wahr mir Gott helfe.

Nicht diskutieren möchte ich übrigens hier die Frage, ob sich heutzutage jede Frau durch »jedermann« angemessen repräsentiert sehen kann.

In Artikel 106 verschafft uns nicht ein Hilfsverb, sondern eine Präposition die aufregende Begegnung mit einem Klammersatz. Es heißt dort:

Das Aufkommen der Realsteuern steht den Gemeinden, das Aufkommen der örtlichen Verbrauch- und Aufwandsteuern steht den Gemeinden oder nach Maßgabe der Landesgesetzgebung den Gemeindeverbänden – – –

– na endlich: » – – – zu«. Der Satz wird übersichtlicher, wenn man die Klammer verkleinert. Etwa so:

Das Aufkommen der Realsteuern steht den Gemeinden zu, das Aufkommen der örtlichen Verbrauch- und Aufwandsteuern den Gemeinden oder nach Maßgabe der Landesgesetzgebung den Gemeindeverbänden.

Allmählich nähern wir uns den Höhepunkten grundgesetzlicher Klammer- und Schachtelkunst. Da ist zum einen der Absatz 5 des Artikels 135. Er lautet:

Im übrigen wird die Rechtsnachfolge und die Auseinandersetzung, soweit sie nicht bis zum 1. Januar 1952 durch Vereinbarung zwischen den beteiligten Ländern oder Körperschaften oder Anstalten des öffentlichen Rechtes erfolgt, durch Bundesgesetz – – –

– da kommt auch schon das Verb: »– – – geregelt«. Was soll man mit solch einem Satz anfangen? Man zerlege ihn in seine Einzelteile, verbinde Zugehöriges miteinander – und erhält folgenden, scheinbar völlig neuen Satz:

Soweit im übrigen nicht bis zum 1. Januar 1952 die beteiligten Länder oder Körperschaften oder Anstalten des öffentlichen Rechts eine Vereinbarung über die Rechtsnachfolge und Auseinandersetzung treffen, werden diese durch Bundesgesetz geregelt...

An dieser Stelle muß ich Ihnen über einen kläglich gescheiterten Versuch berichten, derartige ungefüge Satzklammern zu vermeiden. Dieser Versuch fand erst unlängst – am 21.12. 1992 – Eingang in das Grundgesetz und wurde an Artikel 88 ausprobiert. Die Versuchsanordnung sah wie folgt aus.

Der bis dahin allein dort vorhandene Satz 1 wurde um einen weiteren ergänzt – beide Sätze folgen unverbunden aufeinander:

Der Bund errichtet eine Währungs- und Notenbank als Bundesbank. Ihre Aufgaben und Befugnisse können im Rahmen der Europäischen Union der Europäischen Zentralbank übertragen werden, die unabhängig ist und dem vorrangigen Ziel der Sicherung der Preisstabilität verpflichtet.

So geht's natürlich auch nicht. Das Partizip »verpflichtet« kann mißverstanden werden: als 3. Person Singular des transitiven Verbs »verpflichten«. Der Satz könnte dann bedeuten: »... die unabhängig ist und – wen auch immer – dem vorrangigen Ziel der Sicherung der Preisstabilität verpflichtet.«

Als Lösung des Problems bietet sich folgender Umbau des zweiten Satzes an:

Ihre Aufgaben und Befugnisse können im Rahmen der Europäischen Union der Europäischen Zentralbank übertragen werden; diese ist unabhängig und dem vorrangigen Ziel der Sicherung der Preisstabilität verpflichtet.

Durch diese geringfügige Veränderung wird größere Deutlichkeit erzielt: Nunmehr wird »verpflichtet« vom Leser funktional dem Adjektiv »unabhängig« zugeordnet und richtig als mit »ist« kombiniertes Partizip erkannt.

Ein weiteres Glanzlicht grundgesetzlicher Satzbaukunst wird in Artikel 79, Absatz 1 sichtbar. Dessen zweiter Satz lautet:

> **Bei völkerrechtlichen Verträgen, die eine Friedensregelung, die Vorbereitung einer Friedensregelung oder den Abbau einer besatzungsrechtlichen Ordnung zum Gegenstand haben oder der Verteidigung der Bundesrepublik zu dienen bestimmt sind, genügt zur Klarstellung, daß die Bestimmungen des Grundgesetzes dem Abschluß und dem Inkraftsetzen der Verträge nicht entgegenstehen – – –**

– ein zwar langer, aber verständlicher Satz? Nicht doch: Man glaubt ihn zu verstehen, da die Konstruktion überzeugt. In Wirklichkeit ist dieser Satz unsinnig – er ist ja auch noch nicht zu Ende. Das Beste kommt nämlich noch: das Subjekt. Ganz unerwartet taucht es nach dem Konjunktionalsatz auf:

> **– – – eine Ergänzung des Wortlautes des Grundgesetzes, die sich auf diese Klarstellung beschränkt.**

Man fühlt sich genarrt. Wir hätten das Wort »Klarstellung« eben anders betonen sollen – glaubt man die Verfasser dieses Artikels zu hören. Also nochmals von vorne, jetzt mit richtiger Betonung:

> **Bei völkerrechtlichen Verträgen, die eine Friedensregelung, die Vorbereitung einer Friedensregelung oder den Abbau einer besatzungsrechtlichen Ordnung zum Gegenstand haben oder der Verteidigung der Bundesrepublik zu dienen bestimmt sind, genügt zur Klarstellung, daß die Bestimmungen des Grundgesetzes dem Abschluß und dem Inkraftsetzen der Verträge nicht entgegenstehen, eine Ergänzung des Wortlautes des Grundgesetzes, die sich auf diese Klarstellung beschränkt.**

Das ist kein guter Satz: Er ist mißverständlich und auf richtige Betonung angewiesen. Deutlicher wäre etwa:

> **Bei völkerrechtlichen Verträgen ... genügt es, den Wortlaut des Grundgesetzes zu ergänzen, um klarzustellen, daß dessen Bestimmungen dem Abschluß und dem Inkrafttreten der Verträge nicht entgegenstehen.**

Daß übrigens nicht jeder lange Schachtelsatz unübersichtlich und schwer verständlich sein muß, zeigt Artikel 29, Absatz 4 des Grundgesetzes:

Wird in einem zusammenhängenden, abgegrenzten Siedlungs- und Wirtschaftsraum, dessen Teile in mehreren Ländern liegen und der mindestens eine Million Einwohner hat, von einem Zehntel der in ihm zum Bundestag Wahlberechtigten durch Volksbegehren gefordert, daß für diesen Raum eine einheitliche Landeszugehörigkeit herbeigeführt werde, so ist durch Bundesgesetz innerhalb von zwei Jahren entweder zu bestimmen, ob die Landeszugehörigkeit gemäß Absatz 2 geändert wird, oder daß in den betroffenen Ländern eine Volksbefragung stattfindet.

Ein derartiger Schachtelsatz ist zwar nicht sehr leserfreundlich, doch durchschaubar: also akzeptabel. Ich rufe ja keineswegs zur Abschaffung anspruchsvoll konstruierter Sätze auf.

An die Adresse der radikalen syntaktischen Vereinfacher richtete Walter Mehring einmal eine launige »Verlagsanzeige«, die sich auf die nicht gerade schlichten Satzbauten des französischen Romanciers Marcel Proust bezieht:

Von den Werken Marcel Prousts ist in der Serie »Lecture pour Tous« eine billige Volksausgabe in Vorbereitung. Jedem Band sind ausführliche Wortsituationspläne sowie eine Tabelle der letzten Verbindungen zwischen Substantiv und Adverb eingefügt.

Wir nähern uns nun den Gipfeln juristischen Ausdrucksvermögens im Grundgesetz. Zu ihnen gehört der Artikel 16a, der vom Asylrecht handelt und erst im Juni 1993 in das Grundgesetz neu aufgenommen wurde. Lediglich der erste Satz dieses Artikels ist ein alter Bekannter. Als ehemaliger Teil des Artikels 16 stellte – und stellt – er schlicht und ergreifend fest:

Politisch Verfolgte genießen Asylrecht.

So einfach war das früher, als die Väter und Mütter des Grundgesetzes sich um die Grundrechte des Menschen kümmerten.

Deren Enkeln ist die asylrechtliche Unschuld abhanden gekommen: dementsprechend formulieren sie.

Der neue Artikel 16a spiegelt nicht die Gnade einer späten, sondern die Ungnade einer schweren Geburt, die gravierende sprachliche Schäden hinterlassen hat. Bevor wir diese Mißbildungen besichtigen, lassen wir den wohltuenden Euphemismus »aufenthaltsbeendender Maßnahmen« auf uns wirken.

Ein Euphemismus verhüllt etwas: Die Fettleibigkeit macht er zur »starken Figur«, eine Entlassung zur »Freisetzung«, die Alten zu »Senioren« oder »Älteren« – und die Abschiebung eben zu einer »aufenthaltsbeendenden Maßnahme«. Wie definiert der Duden den Euphemismus so treffend? Als eine »mildernde oder beschönigende Umschreibung für ein anstößiges oder unangenehmes Wort«.

Und nun zu unserem Prachtexemplar deutscher Syntax, das einem kapitalen Hirsch vergleichbar ist, der bekanntlich durch ein besonders großes und weit ausladendes Geweih die Freude der Jäger erregt. Absatz 5 des Artikels 16a lautet:

> **Die Absätze 1 bis 4 stehen völkerrechtlichen Verträgen von Mitgliedsstaaten der Europäischen Gemeinschaften untereinander und mit dritten Staaten nicht entgegen, die unter Beachtung der Verpflichtungen aus dem Abkommen über die Rechtsstellung der Flüchtlinge und der Konvention zum Schutze der Menschenrechte und Grundfreiheiten, deren Anwendung in den Vertragsstaaten sichergestellt sein muß, Zuständigkeitsregelungen für die Prüfung von Asylbegehren einschließlich der gegenseitigen Anerkennung von Asylentscheidungen treffen.**

Könnte man einen Text malen, wäre für diesen der Kolumbianer Botero zuständig – der Meister schwammiger Üppigkeit. Die kunstvolle, offenbar politisch bedingte und gewollte Verschraubtheit dieses Satzes ist kaum zu beseitigen. Sie bedarf eines Entfesselungskünstlers vom Format eines Houdini. Die sprachliche Ungeheuerlichkeit dieses Absatzes läßt sich vielleicht ein wenig auf folgende Weise mildern:

Die Absätze 1 bis 4 stehen völkerrechtlichen Verträgen von Mitgliedsstaaten der Europäischen Gemeinschaften miteinander und mit dritten Staaten nicht entgegen, die regeln, wer zuständig ist für die Prüfung von Asylbegehren einschließlich der gegenseitigen Anerkennung von Asylentscheidungen, und die jene Verpflichtungen beachten, die sich aus dem Abkommen über die Rechtsstellung der Flüchtlinge und der Konvention zum Schutz der Menschenrechte und Grundfreiheiten ergeben, deren Anwendung in den Vertragsstaaten sichergestellt sein muß.

Benommen von der Wucht dieses Satzes, rufe ich dessen Urhebern, den Enkeln der Gründerväter und -mütter, Mephistos Worte zu:

Vernunft wird Unsinn, Wohltat Plage;
Weh dir, daß du ein Enkel bist!

Merkwürdig ähnlich sind jene Artikel des Grundgesetzes strukturiert, in denen es um Asyl (16a) oder Freizügigkeit (11) geht – genauer: um die Einschränkung menschlicher Bewegungsfreiheit. Im ersten Absatz wird jeweils die große Freiheit verkündet, im zweiten wird sie wieder zurückgenommen.

So lautet der erste Absatz des Artikels 11:

Alle Deutschen genießen Freizügigkeit im ganzen Bundesgebiet.

Dieser vollmundigen, in monumentaler Schlichtheit verfaßten Proklamation folgt – wie im Artikel 16a – die kleinlaute, verklausulierte Eingrenzung:

(2) Dieses Recht darf nur durch Gesetz oder auf Grund eines Gesetzes nur für die Fälle eingeschränkt werden, in denen eine ausreichende Lebensgrundlage nicht vorhanden ist und der Allgemeinheit daraus besondere Lasten entstehen würden oder in denen es zur Abwehr einer drohenden Gefahr für den Bestand oder die freiheitliche demokratische Grundordnung des Bundes oder eines Landes, zur Bekämpfung von Seuchengefahr, Naturkatastrophen oder beson-

ders schweren Unglücksfällen, zum Schutze der Jugend vor Verwahrlosung oder um strafbaren Handlungen vorzubeugen, erforderlich ist.

Ein wahrhaft atemberaubender Satz, der jedoch leicht zu reparieren ist, indem man die Nominalphrasen verbal auflöst und so zugleich die riesige Klammer zwischen »es« und »erforderlich ist« beseitigt:

Dieses Recht darf nur... für die Fälle eingeschränkt werden, in denen eine ausreichende Lebensgrundlage nicht vorhanden ist... oder in denen es erforderlich ist, eine drohende Gefahr... abzuwehren, Seuchengefahr... zu bekämpfen, die Jugend vor Verwahrlosung zu schützen oder strafbaren Handlungen vorzubeugen.

Zuweilen gerät man jedoch in unserem Grundgesetz an einen Artikel, dem nicht zu helfen ist: Artikel 135, Absatz 7 zum Beispiel. Diesen Satz zu reparieren erscheint mir unmöglich. Dort wird so geklammert und geschachtelt, daß man diesen Satz erst nach mehrmaligem Lesen einigermaßen versteht. Er lautet:

Soweit über Vermögen, das einem Lande oder einer Körperschaft oder Anstalt des öffentlichen Rechtes nach den Absätzen 1 bis 3 zufallen würde, von dem danach Berechtigten durch ein Landesgesetz, auf Grund eines Landesgesetzes oder in anderer Weise bei Inkrafttreten des Grundgesetzes verfügt worden war, gilt der Vermögensübergang als vor der Verfügung erfolgt.

Daß andererseits auch mit einfachsten Mitteln Unklarheit zu erzielen ist, möge unser letztes Beispiel zeigen. Der zweite Absatz das Artikels 6 lautet:

Pflege und Erziehung der Kinder sind das natürliche Recht der Eltern und die zuvörderst ihnen obliegende Pflicht. Über ihre Betätigung wacht die staatliche Gemeinschaft.

Hier stellt sich die Frage, wer sich als was betätigt: Werden die Kinder als Kinder tätig oder die Eltern als Eltern? Oder gar die

Eltern als Kinder? Nach einer gewissen Bedenkzeit weiß der Bürger, woran er ist. Wäre es nicht schön – und demokratisch, wenn er's gleich wüßte?
Gesetze sind schließlich für jeden Staatsbürger da: Er erleidet sie oder profitiert von ihnen. Sie geben ihm den Rahmen für ein zumutbares Leben in der Gesellschaft mit anderen. Nur mit Kommentar und Rechtsbeistand verständliche Gesetze sind eine Zumutung: Sie strapazieren das Vertrauen des Bürgers in seine rechtsstaatliche Geborgenheit.
Wann begreifen die zuständigen Politiker und Juristen endlich, daß die Sprache der von ihnen zu verantwortenden Gesetze, Verordnungen und Vorschriften nicht luxuriöses Beiwerk, sondern tragendes Element unseres staatlichen Gehäuses ist?
Laut Artikel 3 des Grundgesetzes »sind alle Menschen vor dem Gesetz gleich«. Diese Errungenschaft müssen die Bürger verstehen können, um sie zu würdigen. Heute sind zwar alle Menschen vor dem Gesetz gleich, doch einige sind gleicher – nämlich diejenigen, die es verstehen. Die Sprache der Gesetze ist nicht nur ein stilistisches Problem, sondern – und dies vor allem – ein politisches.

NACHBARRECHT

Vom Olymp des Grundgesetzes und den umliegenden Höhenzügen des Verfassungsrechts steigen wir nun hinab zu den Niederungen des Nachbarrechts. Dieser juristische Teilbereich hat in den letzten Jahren zunehmend an Bedeutung gewonnen: Dem deutschen Hausbesitzer sind gerichtliche Auseinandersetzungen mit seinem Nachbarn so lieb wie die Gartenzwerge in seinem Vorgarten.
Um eben solche Streitigkeiten, die von den Kontrahenten mit verbissenem Einsatz ausgetragen werden, kümmert sich das Nachbarrecht. Hier befinden wir uns in einer Welt alltäglicher Kleinlichkeit, wo um jeden Zentimeter Zaunhöhe, um jeden

überhängenden Zweig, um jede Minute lauten Klavierspiels gerungen wird. Wir haben es hier mit einem juristischen Mikrokosmos zu tun, der weit entfernt ist vom Makrokosmos des Grundgesetzes.

Tauchen wir also ein in die kleine, zuweilen biedermeierlich anmutende Welt des baden-württembergischen Nachbarrechts. Dessen Hauptquellen sind das (für die Bundesrepublik geltende) Bürgerliche Gesetzbuch und das (für das Land Baden-Württemberg geltende) Gesetz über das Nachbarrecht.

Das sprachliche Elend beginnt im BGB und setzt sich im Landesrecht fort, während der maßgebliche Kommentar seine komische Wirkung weniger aus seiner Sprache bezieht als aus seinen grotesken Inhalten.

Beginnen wir mit dem für das Nachbarrecht zentralen Paragraphen 906 des BGB. Absatz 1 sieht vor:

> **Der Eigentümer eines Grundstücks kann die Zuführung von Gasen, Dämpfen, Gerüchen, Rauch, Ruß, Wärme, Geräusch, Erschütterungen und ähnliche von einem anderen Grundstück ausgehende Einwirkungen insoweit nicht verbieten, als die Einwirkung die Benutzung seines Grundstücks nicht oder nur unwesentlich beeinträchtigt.**

Nicht die Syntax erregt hier Anstoß, und unklar ist dieser Paragraph auch nicht. Nein – befremdlich ist die Wortwahl. Gegen die »Zuführung von Gasen, Dämpfen, Gerüchen, Rauch, Ruß, Wärme« erhebe ich keinen Einwand, wohl aber gegen die »Zuführung von ... Geräusch und Erschütterungen«.

Als aktiver Musiker verwahre ich mich dagegen, daß Musik mit Geräuschen gleichgesetzt wird. Dies verschärft die Position Wilhelm Buschs beträchtlich. Der hatte lediglich darauf verwiesen, daß »Musik stets mit Geräusch verbunden« sei, sie aber nicht als ein solches bezeichnet. Überdies unterscheidet man in der Physik exakt Geräusche (»nicht in ganzzahligen Verhältnissen zueinander stehende Frequenzen«) von Klängen (»Frequenzen, die ein ganzzahliges Vielfaches des Grundtons bilden«).

Im Sinne des Paragraphen 906 BGB fällt die Musikberieselung eines Nachbargrundstücks unter die »Zuführung unwägbarer Stoffe« – auch dies eine sprachliche Schändung des musikalischen Prinzips.

In diesem Paragraphen wird das sprachliche Dilemma vieler juristischer Definitionen deutlich. Ein Gesetzestext ist das Destillat aller möglichen Einzelfälle. Da er sämtliche denkbaren Fälle berücksichtigen muß, wird er möglichst allumfassend, also möglichst abstrakt, formuliert. Diese hohe Abstraktionsebene entfernt den Text zwangsläufig von konkreter Benennung – und damit auch von leichter Verständlichkeit.

In einem merkwürdigen Umkehrverfahren holt dann der juristische Kommentar den in die neunte Sphäre entrückten Gesetzestext zurück zu den Sterblichen. Hier geht's dann konkret zu, hier werden die Einzelfälle ausgebreitet.

Dies gilt auch für nachbarrechtliche Fragen. So erfahren wir in dem besagten Kommentar minuziös alles, was im Paragraphen 906 BGB gemeint – und nicht gemeint ist. Zum Beispiel:

> **Die Immissionen müssen sinnlich wahrnehmbar sein. Das von einem Leichenhaus oder von einem Friedhof auf dem Nachbargrundstück ausgehende Unlustgefühl fällt nicht darunter, ebensowenig die sog. negativen Einwirkungen, wie die Entziehung von Licht, Luft, Aussicht o. ä.**

Eindrucksvoll auch die vom Kommentator aufgestellte Liste »wesentlicher Beeinträchtigungen, die im allgemeinen *nicht*... geduldet werden müssen«:

> **Der Schweinestall in einer Villengegend; die Jazzmusik eines Tanzpalastes in einer ländlichen Sommerfrische; faulende Kohlstrünke auf dem Acker in der Nähe eines Wohngebiets; das regelmäßige Warmlaufenlassen eines Motors während der Nacht auf der Straße; das nächtliche Verladen von Schweinen im Marktort; die Düngung eines Gartens mit Jauche in einer guten Wohngegend; die Nerzfarm im Dorf; die jährliche Abhaltung eines 10tägigen Volksfestes in einem guten Wohngebiet.**

Der Wille zur Vollständigkeit führt hier den Autor in die Absurdität. Im übrigen ist die Anordnung der Beispiele aufschlußreich: Wie die »Villengegend« einer »Sommerfrische« entspricht, so die »Jazzmusik« einem »Schweinestall«.
»Wie verhält es sich übrigens«, fragt der Kommentator weiter, »wenn die Hühner ihre Eier in Nachbars Garten gelegt haben?« Auch darauf weiß er eine Antwort:

> **Nach § 953 BGB gehören Erzeugnisse nach deren Trennung von der Muttersache dem Eigentümer der letzteren.**

Da treffen wir wieder auf das Phänomen der Extrem-Abstraktion: Eierlegen wird subsumiert unter »Trennung von der Muttersache«. Scheußlicher kann man den urtümlichen und weltweit symbolträchtigen Akt des Eierlegens nicht beschreiben.
Ein letztes Beispiel soll zeigen, was der Kommentator alles bedenken muß und welche Universalbildung ihm abverlangt wird. Neben Hühnern spielen Bienen im Nachbarrecht eine wichtige Rolle: Dies wird im Kommentar berücksichtigt. Scharfsinnig stellt der Autor fest:

> **Die Biene steht im Eigentum des Halters und gehört deshalb nicht zu den wilden Tieren. Sie ist aber auch kein Haustier im Sinne des § 833 Satz 2 BGB, da der Eigentümer keine ausreichende Verfügungsmacht über sie hat.**

Die nachbarrechtliche Szene wird zum arithmetischen Tribunal, wenn mitgeteilt wird:

> **Zu den ... Immissionen gehört auch das Einfliegen der Bienen von einem anderen Grundstück. Zwar ist es unbestritten, daß die Bienen wegen der mit dem Honigsammeln verbundenen Befruchtung vieler unserer Kulturpflanzen für die Allgemeinheit, nicht nur für den Imker selbst, sehr nützlich sind. Man bedenke, daß eine Biene in der Minute durchschnittlich 10 Blüten, bei einem Ausflug von 10 Minuten demnach 100 Blüten besuchen dürfte; bei 40 täglichen Ausflügen würden also von 10000 Flugbienen eines Stockes 40 Millionen Blüten im Umkreis von etwa 5 km besucht.**

Wir lassen von dem geplagten Kommentator ab und kümmern uns abschließend um das baden-württembergische Gesetz über das Nachbarrecht.

Im Südwesten nichts Neues – zumindest, was die sprachlichen Untugenden angeht, die uns bereits im Grundgesetz begegneten. Wenige Beispiele sollen (und können) daher genügen.

Dem Prinzip der Riesenklammer wird auch hier gehuldigt. Aus dem reichhaltigen Angebot verwerte ich lediglich die Paragraphen 7 e und 34. Im dritten Absatz des ersteren heißt es:

> **Der Eigentümer des begünstigten Grundstücks hat dem Eigentümer des fremden Grundstücks den durch eine Maßnahme nach den Absätzen 1 und 2 oder durch Beschränkungen der Nutzung oder durch den Betrieb der Leitung entstandenen – – –**

– jetzt kommt das Ende der Klammer in Sicht: »– – – Schaden zu ersetzen«. Diese Bestimmung wäre juristischen Fachleuten und Laien leichter verständlich, wenn sie etwa lautete:

> **Der Eigentümer des begünstigten Grundstücks hat dem Eigentümer des fremden Grundstücks jenen Schaden zu ersetzen, der durch eine Maßnahme nach den Absätzen 1 und 2 oder durch Beschränkungen der Nutzung oder durch den Betrieb der Leitung entstanden ist.**

Kein vollauf zufriedenstellender Satz, doch enthält er immerhin eine Klammer weniger.

Wie es sich für eine Bestimmung über Waldgrundstücke gehört, führt uns der Paragraph 34 in dichtes syntaktisches Unterholz. Er sieht vor:

> **Im Geltungsbereich des württembergischen Ausführungsgesetzes zum Bürgerlichen Gesetzbuch und zu anderen Reichsjustizgesetzen muß der Eigentümer eines Waldgrundstücks, in das Zweige und Wurzeln der Bäume und Sträucher eines anderen zur Zeit des Inkrafttretens des Bürgerlichen Gesetzbuches bereits mit Wald bestandenen Grundstücks herüberragen, die Zweige und Wurzeln –**

– Sie, liebe L...., ahnen es: »– – – dulden«. Wie die zwei Königskinder im Volkslied können hier Modal- und Vollverb nicht zusammenkommen. Wir versuchen, ihnen auf folgende Weise zu helfen:

Im Geltungsbereich des württembergischen Ausführungsgesetzes zum Bürgerlichen Gesetzbuch und zu anderen Reichsjustizgesetzen muß der Eigentümer eines Waldgrundstücks dulden, daß Zweige und Wurzeln der Bäume und Sträucher eines anderen Grundstücks herüberragen, das zur Zeit des Inkrafttretens des Bürgerlichen Gesetzbuchs bereits mit Wald bestanden war.

Schließlich nehmen wir noch einen Satz aufs Korn, der das Produkt eines erbarmungslosen Präzisionswillens ist und gerade daher nicht auf Anhieb verstanden wird. Paragraph 21, Absatz 3 lautet:

Die Bestimmungen der §§ 11, 13 und 18 über tote Einfriedigungen und Hecken gelten nicht für das nachbarliche Verhältnis zwischen Grundstücken, die unmittelbar an den Schienenweg einer Eisenbahn grenzen einerseits und dem Schienenweg andererseits.

Warum dieses seltsame »einerseits« und »andererseits« – im übrigen so plaziert, daß der Satzrhythmus wie eine Extrasystole dahinstolpert? Ein Blick auf den ersten Absatz desselben Paragraphen löst das Rätsel. Dort heißt es:

Die Bestimmungen der §§ 11 bis 18 gelten nicht für das nachbarliche Verhältnis der öffentlichen Wege und der Gewässer einerseits und der an sie grenzenden Grundstücke andererseits.

Hier machen die beiden Adverbien Sinn: »Einerseits« verbindet die sachlich zusammengehörigen »Wege und Gewässer« – und trennt sie von den »Grundstücken«.

Im dritten Absatz jedoch gibt es nichts zu verbinden: »Grundstücke« stehen dem »Schienenweg« gegenüber. Hier sind die beiden Adverbien genauso überflüssig und verwirrend wie in jenem alten Schlager, der beginnt mit der Behauptung: »In der Nacht ist der Mensch nicht gern alleine« – und endet mit der vielversprechend rätselhaften Auskunft: »Einesteils und andrerseits und außerdem.« Mein Vorschlag lautet also:

> **Die Bestimmungen der §§ 11, 13 und 18 über tote Einfriedigungen und Hecken gelten nicht für das nachbarliche Verhältnis zwischen dem Schienenweg einer Eisenbahn und Grundstücken, die unmittelbar an diese grenzen.**

Wir sind am Ende unseres kleinen Streifzuges durch Paragraphen und Kommentare angelangt. Wir haben Höhen und Tiefen deutscher Juristensprache kennengelernt. Oft trafen wir auf klare, ja schöne Texte – doch häufig auch auf verschraubte, die sich raschem Verständnis verweigern.

Der Text eines Gesetzes oder eines Kommentars soll zwar nicht für einen Literaturpreis eingereicht werden, doch kann – und muß – er den Mindestanforderungen genügen, die man an jegliche Art von Sachprosa stellt: Nichts Unklares, Mißverständliches, Überflüssiges soll er enthalten. Juristische Fachleute und Laien wären für bessere Texte sicher dankbar: Sie könnten ihre Zeit besser nutzen, als sie für die Entschlüsselung rätselhafter Sätze zu vergeuden.

Den Verdacht habe ich allerdings: daß durch jahrelangen Umgang mit solchen Texten ausgebuffte Ratefüchse deren eigenartige Beschaffenheit nicht mehr wahrnehmen. Andere wiederum wollen diesen Zustand gar nicht ändern, da er ihnen das wohlige Gefühl verschafft, durch eine harte Schule gegangen zu sein und sich einen Verstehensvorsprung erarbeitet zu haben. Solchen Vorsprung gibt man nicht gerne auf – Laien oder Studenten gegenüber schon gar nicht.

Nicht stichhaltig ist der Einwand, jede andere Berufsgruppe bediene sich ja auch einer Fachsprache, um sich präzise ausdrücken zu können: Der Chirurg rede von »Appendektomie«, der Automechaniker von »angeflanschtem Ansaugkrümmer«, der Sprachwissenschaftler von »Flexionsmorphemen«.

Juristendeutsch ist eben nur zum Teil durch eine besondere Wortwahl charakterisiert. Zwar gibt es dort die »Erledigung eines Amtes« (GG, Artikel 69), den »Bundeszwang« (GG, Artikel 37) oder den »Mäklerlohn« (BGB, § 653). Solcher Fachjargon ist oft kaum vermeidbar, wahrscheinlich sogar zweckmäßig. (Adorno hielt dagegen den Jargon für eine »Berufskrankheit«.) Nein – es geht vor allem um die Syntax: um klare oder unklare Sätze. Und unklare Sätze sind in keiner Fachsprache zulässig – nötig schon gar nicht. Um den Bau der Sätze also sollte sich der Jurist kümmern – auch im eigenen Interesse. Schlechte Sätze schaden ihm: Sie stehlen ihm die Zeit und beschädigen seinen Ruf.

9. Im Joch der Politik und Verwaltung: Die Pressereferenten

Von kommunalen Pressediensten soll nun die Rede sein: von städtischen Presse- und Informationsämtern also, deren Personal den Bürgern die Rathauspolitik nahebringen, erläutern, schmackhaft machen soll.

Die in diesen Diensten tätigen Damen und Herren arbeiten in einem eigenartigen Spannungsverhältnis zwischen journalistischer Freiheit und politisch-administrativer Einbindung. Ihnen wird meist versagt bleiben, was ihren Kollegen in freier Wildbahn soviel Spaß macht: die Pirsch auf Skandale und das Erlegen von Politikern und Amtsträgern.

Mit anderen Worten: Nicht immer können die Mitarbeiter der Presseämter so schreiben, wie sie wollen – zumindest, wenn es sich um politisch brisante Themen handelt. Sie vermuten, liebe L...., zu Recht, daß in solchen Texten stilistische Kunstgriffe wie Übertreibung (bei guten Nachrichten) und Untertreibung (bei schlechten) eine wichtige Rolle spielen.

Doch ungeachtet aller politischen Zwänge gilt diese Forderung immer: jede Nachricht in gutem Stil zu verfassen. In welchem Umfang die kommunalen Pressedienste diesem Anspruch genügen, wollen wir anhand von Verlautbarungen aus den ersten Monaten des Jahres 1993 überprüfen.

Beginnen wir mit der Wahl der Worte. Die ist in den meisten Mitteilungen unauffällig, das heißt: weder auffällig gut noch auffällig schlecht – »ohne Befund« sozusagen. Man trifft weder auf Journalistenpoesie noch auf Fachausdrücke. Auch der Gebrauch von Fremdwörtern hält sich meist in Grenzen. Gelegentlich finden sich jedoch (wie auch außerhalb der Rathäuser) überflüssige Importe aus England oder den USA. Einige grundsätzliche Überlegungen zu dieser heute oft hysterisch diskutierten Frage sind hier angebracht.

Tödliche Gefahr, so lesen und hören wir seit Jahren, drohe der deutschen Sprache von der englischen. Genauer: vom massenhaften Eindringen englischer Wörter in den deutschen Wortschatz. Dieser Vorwurf der »Fremdwörterei«, der sich ja in früheren Jahrhunderten auf das Französische bezog, ist nur zum Teil berechtigt.

Über den Gebrauch von Fremdwörtern (gleich aus welcher Sprache) darf allein ihre Zweckmäßigkeit entscheiden. In jedem einzelnen Fall sollten wir vernünftig abwägen – eine allergische Überreaktion auf Fremdwörter überhaupt wäre unangemessen. (Sie erinnern sich, liebe L...., wohl an den heroischen Opfergang der Sprachwächter im 5. Kapitel.)

So können wir für englische Wörter dankbar sein, wenn sie Lücken im deutschen Wortschatz füllen oder einen Sachverhalt knapper und präziser ausdrücken als ein konkurrierendes deutsches Wort.

Kein ernstzunehmender Benutzer der deutschen Sprache kann Anglizismen wie Bestseller, Chip, Gag, Boom, Hit, Playback anstößig finden. Daß unsere französischen Nachbarn dies tun und deren Verwendung gar mit Geldbußen belegen, soll uns kein Vorbild sein. Oder sollen wir das handliche »Fax«, entsprechend der französischen »télécopie«, durch »Fernkopie« ersetzen?

Diese englischen Wörter schaden unserer Sprache nämlich keineswegs. Es handelt sich nicht um Parasiten, die auf Kosten der deutschen Sprache schmarotzen, sondern um Nützlinge. Diese bereichern unseren Wortschatz, da keine deutschen Wörter verfügbar sind, mit denen man den jeweiligen Gegenstand oder Sachverhalt ähnlich knapp und deutlich benennen könnte.

Solch nützliche Importe werden auch in einigen Informationsdiensten verwendet. Mit der griffigen, leicht auszusprechenden »City« kann unsere »Innenstadt« nicht konkurrieren. Mit dem »Trend« kann unsere umständliche »Entwicklungstendenz«

nicht Schritt halten. Wenn allerdings ein Verfasser einen »Trend weg von Flughafen-Kombinationen« beobachtet, erscheint mir dies nicht sehr glücklich formuliert.

Manchmal wird im selben Text die englische und die deutsche Bezeichnung verwendet:

> **Das neue Wahrzeichen des Flughafens Köln/Bonn, der fast 60 Meter hohe Tower-Neubau, nimmt Kontur an ... Der alte Kontrollturm aus dem Jahre 1964 ist den gestiegenen Anforderungen der Deutschen Flugsicherung (DFS) nicht mehr gewachsen.**

Sie wittern hier eine stilistische Feinheit, liebe L....? Der neue Bau: »Tower« – der alte: »Kontrollturm«? Leider falsch. So gründlich hat der Verfasser dieser Notiz seinen Stil nicht gepflegt. Der nächste Satz, der übrigens ein überwältigendes Kompositum enthält, lautet nämlich:

> **Im neuen Kontrollturm können natürlich die modernsten Wetter-, Radar- und Abflug-Koordinationseinrichtungen installiert werden.**

An solchen Kleinigkeiten wird symptomatisch jener sorglose Umgang mit der Sprache deutlich, der in vielen Texten – nicht nur im Dunstkreis der Rathäuser – verbreitet ist.

Natürlich beobachten wir auch überflüssige Einfuhren aus England. Es gibt keinen vernünftigen Grund, die deutsche Bäckerei durch den übelklingenden anglo-deutschen Zwitter »Brot-Shop« zu ersetzen. Ebenso können wir auf die Ladenbezeichnung »Flower-Center« (sprich: Zenter) zugunsten der deutschen »Blumen« verzichten. Eine »Hosen-Farm« ist schierer Blödsinn – eine »Schönheits-Farm« erst recht. Und daß auf den Müllbehältern des Hamburger Hauptbahnhofs verkündet wird: »Der Clean-Spatz hält den Bahnhof sauber«, ärgert zu Recht manchen Reisenden.

Trotz solcher Auswüchse: Anglizismen können der deutschen Sprache nicht gefährlich werden. Massenhaft tauchen sie vor allem in der Jugendsprache auf – und in der Werbung für junge

Leute, die relativ geringen Einfluß auf die allgemein verwendete Hochsprache ausübt und daher auch wenige englische Wörter an diese weiterreicht.

Und wenn sich die Mehrheit der deutschen Sprachgemeinschaft für die Übernahme einiger Dutzend oder hundert Fremdwörter entscheidet, dann soll sie es doch tun. Die deutsche Sprache mit einem Wortschatz von 350000 oder 400000 Wörtern wird dies überleben.

Viele in die Hochsprache aufgenommene Fremdwörter werden ohnehin dieser bald angeglichen. Diesen Lehnwörtern haftet nicht Fremdes mehr an. Die Laune ging aus lat. »luna« hervor, der Pöbel aus frz. »peuple«, die Droschke aus russisch »drožki«. Und längst kommen uns englische Wörter wie Frack, Streik, Tennis durchaus deutsch vor. (Im übrigen ist der Wortschatz der Weltsprache Englisch mehrheitlich französischer und lateinischer Herkunft. Dies hat dem Englischen nicht geschadet, sondern dessen Wortschatz gewaltig auf 600000 Wörter gesteigert und die weltweite Verbreitung erleichtert.)

Bei der Entscheidung über die Wortwahl muß stets auch der Adressat berücksichtigt werden. Will etwa ein Presseamt junge Leute für den Besuch einer von der Stadt organisierten Abendveranstaltung gewinnen, kann es sich als zweckmäßig erweisen, die Jugendlichen in deren – tatsächlicher oder von den Erwachsenen lediglich vermuteter – Sprache anzusprechen. Und die enthält dann viel mehr Englisches, als die Älteren sich träumen lassen.

Vielversprechend für die »Kids«, unverständlich für die »Oldies« lautet die Überschrift in der Mitteilung:

ROCK-TECHNO-RAP-DISCO IM HALLENBAD.

Der Autor lockt dann unter anderem mit folgenden Sätzen:

> **Die Disk-jockeys ... werden beim subtropischen Soundmixen kräftig einheizen und das Hallenbad rockend und rappend in einen Hexenkessel verwandeln. Wie bei vorangegangenen Veranstaltungen wird die mobile Diskothek ...**

> **mit ihrer Licht- und Effektschau für die farbige Untermalung des Sounds und für Power im Bad sorgen.**

Und wo Power herrscht, ist Action nicht fern:

> **Dabei gibt es jede Menge Spaß und Action beim animativen Mitmachspiel...**

Hier hört der Spaß sprachlich leider auf. Jedem Jugendlichen zieht das »animative Mitmachspiel« die Socken aus – oder besser: die original mexikanischen Boots. Hier entlarvt sich der Autor selbst als nicht mehr so jugendlich, wie er sprachlich tut.

Verräterisch – stilbrüchig – war bereits das Versprechen im ersten Satz, die Rock-Techno-Rap-Disco werde »frühjahrsbeschwingt«. Ein solches Adjektiv gehört zu Peter Kreuder, Heino oder dem Musikantenstadl, aber nicht zu einer Rock-Techno-Rap-Disco.

Empfehlung an den der Jugend eigentlich wohlgesinnten Autor also: Das einmal gezogene Stilregister bitte beibehalten und das eigene Vorhaben nicht durch stilistisches Mäandern sabotieren...

Und wie ist es um die Klarheit der von den Presseämtern herausgegebenen Texte bestellt? Auch deren Autoren (wie die der anderen Sachtexte) müssen beachten, daß ihre Verlautbarungen beim Leser keine Chance haben, wenn dieser sie zweimal oder noch öfter lesen muß, um deren Sinn zu entschlüsseln. Ebenso zeitraubend und daher ebenso ärgerlich sind Redundanzen – also Sätze, die überflüssig sind, da sie bereits Gesagtes wiederholen.

Leider gibt es viele sprachliche Möglichkeiten, sich diesem unverzichtbaren Anspruch auf Klarheit zu entziehen. Und leider machen viele Presseämter von diesen Möglichkeiten häufig Gebrauch. Wie der Abfahrtsläufer von der einsam und allein auf seiner Piste stehenden Tanne magisch angezogen und zu einem Zusammenprall eingeladen wird, so sind die Autoren derart von bestimmten sprachlichen Mustern fasziniert, daß sie diese immer wieder verwenden. Diese Unsitten haben sich als ungemein zählebig erwiesen, da sie traditionell verfestigt sind und von einer Generation zur anderen weitergereicht werden.

Unter schlechtem Stil ist natürlich nicht grammatische Fehlerhaftigkeit zu verstehen. Um diese kann und will ich mich nicht auch noch kümmern, zumal die städtischen Informationsdienste derartige Fehler ganz selten enthalten. Allerdings ist mir der Satz »Seit 1927 hatte das Paar ihren Sohn Manfred« in lebhafter Erinnerung.

Bereits die Wahl eines einzigen falschen Wortes kann die Klarheit eines ganzen Satzes beeinträchtigen. Ein Beispiel nur. In einem Informationsdienst wird an den Überfall einer Nazi-Horde auf einen kommunistischen Politiker im Jahre 1933 erinnert. Der Bericht teilt mit:

> **Unter Anführung des X drang ein NS-Trupp in die Wohnung der Familie Y in Z ein... Mit gezogener Pistole drang er in das Schlafzimmer, in dem das Ehepaar und der kleine Sohn nächtigten, ein.**

Dies kann wohl nicht sein. In der eigenen Wohnung nächtigt man nicht. Auch ein Übernachten kommt nicht in Frage: So etwas tut man außerhalb der eigenen vier Wände: in einem Hotel, in einer Scheune oder gar im Freien. Im Schlafzimmer schläft man. So einfach ist das.

Manche falsche Wortwahl ist nicht irreführend und dennoch, da sie eben unrichtig ist, bedauerlich. So sollte man nicht von einer »mit Fachleuten ... besetzten Podiumsdiskussion« reden. Allein das Podium kann so besetzt sein.

In einem anderen Report »läuft eine Ausstellung bis zum 28. März«. Ein Film läuft, die Nase läuft, ein VW läuft und läuft und läuft. Doch nicht eine Ausstellung. Die ist zu sehen oder ist geöffnet.

Und wenn ein anderer Autor mitteilt, »sieben Kanalbaumaßnahmen« würden beträchtliche Investitionen »auslösen«, so hat auch er sich idiomatisch vergriffen – das heißt: er mißachtet die übliche Kombination mehrerer Wörter zu einer festen Wendung. Eine Baumaßnahme kann heftige Reaktionen, Entsetzen, Begeisterung, Heiterkeit oder auch eine Katastrophe auslösen – Investitionen jedoch wird sie erfordern, erforderlich machen oder nach sich ziehen.

In einem anderen Bericht lesen wir merkwürdige Dinge über einen bislang in der europäischen Kulturpolitik aktiven Beamten, der in den Ruhestand verabschiedet wurde. Die Überschrift lautet:

Dr. X schied aus der Euregio-Kultur

– nicht aus dem Leben also. Gott sei Dank! Im Text selbst »scheidet« der Dr. X noch einmal – nicht aus der Kultur, sondern »in den Ruhestand«. Hätte man ihn doch in den Ruhestand treten lassen!

Manche unangebrachten Wörter sind weder irreführend noch unrichtig gewählt, sondern überflüssig. Die Oberbürgermeisterin X hat, so lesen wir, jemandem »schriftlich Genesungswünsche übersandt«. Das Adverb »schriftlich« wird hier wirklich nicht benötigt. Und daß eine »Pflanzenraritätenbörse mit Verkauf« stattfinden wird, ist allzu üppig formuliert: Eine Börse ohne Kauf und Verkauf gibt es wohl nicht.

Ähnlich könnten wir in der Ankündigung, ein Informationsabend werde etwas »erklären und verdeutlichen«, auf ein Verb verzichten.

In einem anderen Hinweis bittet die Stadt X alle Bürgerinnen und Bürger,

die Lohnsteuerkarten 1992, die nicht... benötigt werden, beim Finanzamt unmittelbar abzugeben.

»Unmittelbar« ist so überflüssig wie ein Kropf. Kann man Lohnsteuerkarten auch »mittelbar« abgeben?

Ein ähnliches Füllsel ist »definitiv«. Eine Volkshochschule teilt mit:

Der ursprünglich für Mitte Februar vorgesehene Film »La Reine Blanche« ist nun definitiv am Mittwoch, 17. März, um 19.30 Uhr... zu sehen.

Und wenn nun der Filmvorführer erkrankt, die Filmrolle gestohlen wird oder am Mittwoch der Strom ausfällt? Was im menschlichen Leben ist schon endgültig – eben »definitiv«?
Häufig erwecken falsch gewählte Wörter oder Wendungen einen ungewollt komischen Effekt, da sie in einem unpassenden Zusammenhang gebraucht werden. Wenn etwa der Oberbürgermeister X einem Gespräch mit dem Minister Y »in freudiger Erwartung entgegensieht«, läßt dies eher an ein freudiges Ereignis denken als an eine Unterhaltung zwischen zwei Männern.
In manchen Sätzen laden feste Redewendungen mit übertragener Bedeutung den Leser irrtümlich dazu ein, sie wörtlich zu verstehen. So lesen wir in einem Bericht über das Sammeln von Problemstoffen:

> **Renovieren, Fotos entwickeln, Batterien austauschen – was dabei an Stoffen übrigbleibt, ist mit Vorsicht zu genießen.**

Dies klingt wie die Warnung vor einer neuen, gänzlich perversen Richtung der Nouvelle cuisine.
Und daß ein Bauprojekt »in trockenen Tüchern« sei, setzt doch wohl ehemals nasse voraus – Windeln womöglich. Und das will ich mir nun wirklich nicht konkret ausmalen.
In einem anderen Bericht wird die schöne Wendung »ins Blaue« vom Autor wörtlich genommen und für eine neue, leider unverständliche Variante benutzt. Es heißt dort:

> **Die Geologen graben nicht einfach ins Blaue beziehungsweise Schwarze hinein.**

Auch in einer anderen Passage seines Textes tut sich der Autor mit der richtigen Verwendung von Bildern schwer:

> **Um den Boden richtig unter die Lupe zu nehmen, müssen die Geologen mittels Tausender Bohrungen und Schürfgruben ein engmaschiges Netz über das ganze Stadtgebiet auswerfen.**

Diese Kombination von »Lupe« und »Netz« ist gewagt und einem Bildbruch zumindest nahe.

Wir kümmern uns nun um die Sätze. Wie viele Wörter, so sind auch Sätze häufig überflüssig. Da wird für eine Disco in einem städtischen Hallenbad unter anderem mit dem griffigen, der englischen Sprache Tribut zollenden Satz geworben:

Kühle Drinks und heiße Hits werden die Wechselbäder hoffentlich nicht zu extrem werden lassen.

Leider entwertet der Autor die Wirkung dieses gelungenen Satzes, indem er ihn dem Leser nochmals in einer bürokratisch langweiligen, rein deutschen Version anbietet. Sie lautet:

Vom Pächter der Schwimmbadgaststätte werden eisgekühlte Getränke angeboten.

Eine Art Angst vor der eigenen stilistischen Courage also.

Und nun zu den folgenreichsten Fehltritten: irreführenden, unklaren, unverständlichen Sätzen. Ein Bericht über die Ozonbelastung in der Stadt X schließt mit folgendem Satz:

Allgemein gilt, daß das Auto so wenig wie möglich benutzt werden soll, um eine wünschenswerte Ozon-Konzentration von unter 80 Mikrogramm pro Kubikmeter zu erreichen.

Von einer »wünschenswerten Ozon-Konzentration« zu reden ist fatal. Ein Satz wie der folgende wäre eher zu empfehlen:

Um die Ozonwerte niedrig zu halten, sollen Autos so wenig wie möglich benutzt werden.

Viele Sätze scheitern an der Konzentrationslust ihrer Urheber, die soviel wie möglich in einen Satz hineinpacken möchten. Manchmal endet dies in einer syntaktischen Katastrophe.

Ein Hinweis auf die Broschüre »Über den Umgang mit der Liebe« enthält folgenden bemerkenswerten Satz:

In aufregenden, konfliktreichen oder schönen Situationen sollen junge Menschen Antworten finden auf Fragen der Empfängnisverhütung, der Aids-Vorbeugung oder der Homosexualität.

Ein solches Gebilde muß man zweimal lesen. Also noch mal:

In aufregenden, konfliktreichen oder schönen Situationen sollen junge Menschen Antworten finden auf Fragen der

Empfängnisverhütung, der Aids-Vorbeugung oder der Homosexualität.

Auch nach zweimaliger Lektüre bleibt der oder die Lesende ratlos. Welches Adjektiv gehört zu welchem Substantiv? Ist die Empfängnisverhütung aufregend – oder die Aids-Vorbeugung – oder die Homosexualität? Und was ist schöner: Homosexualität, Aids-Vorbeugung oder Empfängnisverhütung? Offenbar haben die »Situationen« mit den »Fragen« nichts miteinander zu tun und sind lediglich vom Autor in einen Satz ohne Logik zusammengesperrt worden. Gemeint war wohl:

Die Liebe schafft aufregende, konfliktreiche oder schöne Situationen. Aus ihnen entwickeln sich Fragen zur Empfängnisverhütung, Aids-Vorbeugung oder Homosexualität, die in dieser für junge Menschen bestimmten Broschüre beantwortet werden.

Apropos Sexualaufklärung: Diese kann manchmal auch unbeabsichtigt geboten werden. In einem Bericht erfahren wir von einem originellen Vorhaben einer Stadtverwaltung in Norddeutschland:

Beim Magistrat sei der Wille vorhanden, mehr Verkehr über die Schiene abzuwickeln. Es sei nun an der Bundesbahn, dieses Potential zu nutzen.

Und in der Nachricht über eine medizinische, interdisziplinär arbeitende Vereinigung heißt es:

Damit wird der Gedankenaustausch fächerübergreifend stimuliert.

Solche ungewollt komischen Mehrdeutigkeiten sollte man vermeiden: Sie locken den Leser auf eine falsche Fährte.

Zurück zu den Sätzen. Nachlässiger Satzbau macht sich in falschen syntaktischen Verbindungen bemerkbar. In einem Bericht über Seniorenprogramme lesen wir:

Im Angebot gibt es darüber hinaus Sprachkurse in Englisch, Französisch und Spanisch sowie zur gesundheitsfördernden und gesundheitserhaltenden Bewegung.

Sicher ist hier nicht gemeint, was gesagt wird: daß die Bewegungskurse eine Art von Sprachkursen seien.

Solche syntaktischen Fehlverbindungen – »Mesalliancen« soll es ja heutzutage nicht mehr geben – sind leider in vielen Texten anzutreffen. Wir lesen über den Besuch einer deutschen Wirtschaftsdelegation in der russischen Stadt X:

Neben den Firmenbesuchen wurden den Wirtschaftsförderern drei andere Projektwünsche vorgestellt.

Auch dieser Satz meint nicht das, was er sagt: daß Firmenbesuche vorgestellt wurden. In Wirklichkeit bedeutet er:

Die Gastgeber luden die Wirtschaftsförderer nicht nur zu Firmenbesuchen ein, sondern stellten ihnen drei andere Projektwünsche vor.

Verwirrend ist die Ankündigung in einem Bericht:

Der Ausschuß wird sich mit der Entwicklung des Stadions und der Wohnungssituation befassen.

Bezieht sich »Entwicklung« auch auf die »Wohnungssituation«? Kann sich ein Stadion überhaupt entwickeln?

Peinlich und komisch zugleich ist folgender Satz in einem Bericht über den Fastenmonat Ramadan:

Durch den hohen moslemischen Bevölkerungsanteil hat dieses Fest in X immer mehr an Bedeutung gewonnen.

Dieses Fest hat also offenbar einen hohen moslemischen Bevölkerungsanteil. Nein – die Stadt X hat ihn. Dies könnte man so ausdrücken:

Durch die vielen moslemischen Mitbürger hat dieses Fest in X immer mehr an Bedeutung gewonnen.

Während der berüchtigte Anakoluth – der »Satzbruch« – nach »weil« keinen Schaden anrichtet, führen einige seiner Artgenossen den völligen Zusammenbruch des Satzes herbei.

In dem gerade erwähnten Bericht wird über den Moslem Y gesagt:

Als einer der rund 50 000 Muslime in der Stadt ist für ihn der Ramadan das höchste Fest im Jahr.

Ein klassischer Anakoluth: Der Bauplan wird im Verlauf des Satzes geändert. Dies hat hier zwei verschiedene Subjekte in einem Satz zur Folge. Zunächst schwebte dem Verfasser vor:

Als einer der rund 50000 Muslime in der Stadt feiert er den Ramadan.

Doch da überkam ihn plötzlich ein anderer Satz:

Für ihn ist der Ramadan das höchste Fest im Jahr.

Als Lösung bietet sich an:

Für ihn als einen der rund 50000 Muslime in der Stadt ist der Ramadan das höchste Fest im Jahr.

Oder besser noch:

Mit den anderen rund 50000 Muslimen in der Stadt feiert er den Ramadan als das höchste Fest im Jahr.

Umständliche, meist im Nominalstil verfaßte Sätze sind gleichermaßen von Übel. Gelegentlich mag dieser zwar durchaus zweckmäßig sein – etwa in dem Satz:

Eine Berichterstattung durch das Presseamt erfolgt nicht.

Die hier angesprochenen Journalisten verstehen diesen in den Hinweisen der Stadt X formelhaft immer wieder verwendeten Satz, fast bevor sie ihn zu Ende gelesen haben – gleichsam wie ein Signal.

Doch oft hat der Nominalstil schlimme Folgen: Seine Umständlichkeit kostet den Leser Zeit und Mühe. Sehen wir uns einen solchen Satz an, der in einem Bericht über Naturschutz enthalten ist:

Die Stadt X hat mit der Umsetzung von Entwicklungsmaßnahmen im Rahmen der Landschaftspläne begonnen.

Eine solche Satzstruktur ist nicht empfehlenswert – nicht, weil sie nominal ist, sondern weil sie den Inhalt des Satzes nicht klar und auf Anhieb verständlich mitteilt. Gemeint war eigentlich:

Die Stadt X hat begonnen, die Landschaftspläne in die Tat umzusetzen.

Manchmal begegnet man Sätzen, die nicht Leser, sondern Tüftler erfordern – Menschen, die diese Sätze geduldig zerlegen und dann wieder neu zusammensetzen, um hinter ihren verborgenen Sinn zu kommen. Holen Sie also, liebe L.... oder vielmehr T......, tief Luft und beginnen:

> **Für die Realisierung der Einsparmaßnahmen wurde die Senatsverwaltung für Inneres aufgefordert, konkrete aufgabenkritische konzeptionelle Vorgaben zu machen, in welchen Fällen die Personalzumessungen in den Richtwertebereichen einheitlich gekürzt werden können, weil Arbeitsabläufe vereinfacht wurden oder werden sollen, zum Beispiel durch den Wegfall von Aufgaben, organisatorische Maßnahmen, den Einsatz von Informations- und Kommunikationstechnik oder durch Vereinfachung von Rechts- und Verwaltungsvorschriften.**

Ersparen wir uns einen vollständigen Neubau dieses Satzes. Jedenfalls könnte man so beginnen:

> **Die Senatsverwaltung für Inneres wurde aufgefordert, konkrete Sparvorschläge zu entwickeln...**

Und noch etwas. Dieser Satz besticht nicht nur als Ganzes, sondern auch im Detail. »Konkrete aufgabenkritische konzeptionelle Vorgaben« – darauf muß man erst einmal kommen. Daß schließlich die »Vereinfachung von Rechts- und Verwaltungsvorschriften« erwähnt wird, verleiht dem Text zusätzliche Würze.

Gelegentlich liest man einen Satz, der völlig mißglückt und nicht mehr zu retten ist. Etwa diesen:

> **Das Programm wird gestaltet vom Musikzug, Seniorengymnastik und -tanzgruppen, einer Mittagspause mit einem Eintopfgericht, gekocht von der Frauengruppe des Gemeinschaftszentrums und endet ab 20 Uhr mit einer Tanzveranstaltung im Saal.**

Die wilde Schönheit dieses Programms fasziniert wohl jeden, der es kennenlernt: Es wird unter anderem von einer Mittagspause gestaltet, von der Frauengruppe gekocht und mit einer Tanzveranstaltung beschlossen, die »ab 20 Uhr« – also mit ihrem Beginn – endet.

Daß ständiger Zeitdruck und unselige sprachliche Vorgaben der Politiker dazu beitragen, die geplagten Mitarbeiter der Pressedienste an gutem Stil zu hindern, ist unbestreitbar. Der Zeitdruck ist mitverantwortlich für nachlässig formulierte Texte, und die Politiker legen Wert darauf, daß ihr Wille zur Undeutlichkeit auch in den Pressediensten deutlich wird.

Manchmal wird der zeitliche Druck offenbar so stark, daß dem Autor nicht nur der gute Stil abhanden kommt, sondern auch die berichteten Fakten durcheinandergeraten. So wird in einer Reportage über eine Ausstellung von Musikautomaten die Musikgeschichte umgeschrieben. Wir lesen dort:

> **Der um 1910 von dem Leipziger Instrumentenbauer Hupfeld geschaffene repräsentative Musikautomat setzt gestanzte Löcher von einem breiten Lochstreifen in deutsches Liedgut um, wie »Der Waldteufel« oder »Der Schlittschuhläufer«.**

Dies ist natürlich Unsinn. Der Waldteufel ist kein deutsches Lied, sondern der Name eines französischen Komponisten. Und auch »Der Schlittschuhläufer« gehört nicht zum deutschen Liedgut, sondern ist die wohl bekannteste Komposition eben dieses Emil Waldteufel und heißt im Original »Les Patineurs«.

Schlimmer als solch ein ungewolltes Faktenchaos ist jene gewollte Unklarheit, die zahlreiche Äußerungen unter Politikern kennzeichnet und *nolens volens* oft in die Pressedienste weitergereicht wird. Wenige Beispiele müssen hier genügen.

Die Presse wird mit folgendem Text zu einem Empfang eingeladen:

> **Im Anschluß an die Tagung gibt Oberbürgermeister X... einen Empfang im Muschelsaal des historischen Rathauses. In seiner Vertretung wird Bürgermeister Y die Gäste begrüßen.**

Der Herr Oberbürgermeister wird also nicht anwesend sein, aber trotzdem einen Empfang geben. Das Motto dieser geselligen Veranstaltung könnte lauten: Das Phantom des Rathauses.

In einem anderen Pressedienst wird mit Befriedigung eine Äußerung des Kanzleramtschefs X zitiert:

> **Die Bundesregierung wird ihre Anstrengungen im Hinblick auf die Ausgleichsmaßnahmen für die Region Bonn mit Nachdruck fortsetzen.**

Ein solches Versprechen ist durchsichtig, wacklig und nichtssagend wie eine Götterspeise. Wohl dem, der sich über so etwas freuen kann.

Zuweilen sind die Auskünfte der Politiker rätselhaft wie antike Orakel. Ein Bürgermeister erklärt zum Beispiel:

> **Persönlich scheue ich vor einer Direktwahl nicht zurück und sehe auch den vorgesehenen Elementen einer verstärkten Bürgerbeteiligung zuversichtlich entgegen, doch braucht die Bürgerschaft ein von ihrer ganzen Breite getragenes Gremium.**

Was heißt hier »zuversichtlich«? Daß das plebiszitäre Element verstärkt – oder geschwächt wird? Eher wohl letzteres, wenn man den Schluß dieses Satzes noch einmal liest.

So sind die bedauernswerten Pressereferenten oft genug gehalten, die manchmal (im Wortsinn) unsäglichen Äußerungen und Begriffsbildungen der Politiker an das sehr verehrte Publikum weiterzureichen: Gott helfe ihnen – sie können nicht anders.

Ein Beispiel für solche Begriffsmißbildungen der Politiker muß hier genügen. Es gehört zur Gruppe der Euphemismen – verharmlosender Schönrednerei also:

> **Das »Programm zur Gewährung städtischer Darlehen im Wohnungsbau für den freiwilligen Freizug öffentlich geförderter Miet- und Genossenschaftswohnungen« wird unbefristet festgesetzt.**

»Freiwilliger Freizug« – diese Neuschöpfung muß man sich auf der Zunge zergehen lassen. Was sie bedeutet, fragen Sie? Natürlich etwas anderes als das Gesagte. Mehr oder – eher – weniger freiwillig soll eine bestimmte Gruppe von Mietern »öffentlich

geförderter Wohnungen« ausziehen, umziehen: jene, die nicht mehr zum »begünstigten Personenkreis« zählt.
Nicht nur politisch Hintersinniges muß von den Pressereferenten weitergesagt werden. Manchmal handelt es sich lediglich um sprachliche Scheußlichkeiten. Da antwortet ein Minister einem Auskunft heischenden Kommunalpolitiker:

Es ist richtig, daß der Finanzausschuß des Landtags entgegen der Auffassung der Landesregierung und somit auch meines Ministeriums eine Beschlußempfehlung an den Landtag getroffen hat, die die Auflösung des Landesinstituts nach sich ziehen soll.

Dies muß doch nicht sein: Nur weil so etwas schon immer so formuliert wurde, muß es nicht heute so gesagt werden – und bis in alle Ewigkeit auch noch. Offenbar gilt auch hier Schillers Wort vom »Fluch der bösen Tat«, das ich so abwandle:

Das eben ist der Fluch des schlechten Stils,
Daß er fortzeugend immer Schlechtes muß gebären.

Die Ministerialbürokratie könnte sich doch zu einem Versuch sprachlicher Reform aufraffen und im vorliegenden Fall dem Minister etwa soufflieren:

Entgegen der Auffassung der Landesregierung und somit auch meines Ministeriums hat der Finanzausschuß des Landtags diesem empfohlen, die Auflösung des Landesinstituts zu beschließen.

Angesichts der durch die Presseämter weitergeleiteten stilistischen Verschraubtheiten von Politikern und Bürokraten lobe ich mir einen erfrischenden Ausruf wie den folgenden, offenbar von einem tollkühnen (oder durch irgend etwas enthemmten) Pressereferenten aufs Papier geworfen:

Der Dinosaurier-Boom bei Kindern ist ungebrochen – – –

– zu früh gefreut, liebe L....! Dieser schöne Satz geht leider unschön weiter:

– – – und die Stadtteilbibliothek X an der Straße Y trägt ihm mit einem Bastelnachmittag Rechnung.

Dem Boom wird also bürokratisch »Rechnung getragen« – Schlimmeres kann ihm sprachlich nicht passieren. Wiederum ist einem der geplagten Berichterstatter unterwegs der Elan abhanden gekommen.

»Mehr Mut!« erlaube ich mir ihnen allen zuzurufen. »Werfen Sie Ballast und Schrott über Bord und machen Sie Ihr Sprachschiff flott!«

10. »Hengst sucht Stute« Heiratsannoncen

Menschen sind gesellige Wesen: Die meisten von ihnen wollen nicht einsam leben, sondern suchen Geselligkeit. Nun bieten sich den Suchenden viele – qualitativ und quantitativ – unterschiedliche Möglichkeiten der Gesellung.

Die vor der Einsamkeit Fliehenden können zum Beispiel einem Verein beitreten. Dort bekommen sie es dann mit 50, 100 oder 200 Menschen zu tun, die gemeinsam singen, kegeln, tanzen, wandern oder Briefmarken sammeln.

Solch geballte Geselligkeit ist nicht nach dem Geschmack eines jeden Gesellungswilligen. Manche ziehen kleinere Gruppierungen vor: überschaubare Zirkel, in denen man Bridge, Tarock oder Streichquartette spielt.

Einigen sind auch diese Kleingruppen noch zu groß. Sie bevorzugen die Kleinstgruppe – das Paar – und suchen nicht mehr als einen männlichen oder weiblichen Partner. So folgen sie der englischen Maxime: »Two is a company – three is a crowd.«

Auch im paarigen Bereich gibt es sehr unterschiedliche Möglichkeiten geselligen Engagements – und für alle Varianten werden Suchanzeigen aufgegeben. Ein Mensch sucht einen anderen, um mit ihm etwas gemeinsam zu tun. Dabei reicht die Wunschliste von frivol kurzzeitigen Bindungen (wg. Geschlechtsverkehr und/oder Urlaub) bis zu respektabel dauerhaften (zwecks gemeinsamen Lebensabends und/oder Heirat).

Aus sittlichen Gründen sollen uns hier nicht die unsittlichen Inserate interessieren, wenngleich deren sprachliche Analyse lohnend wäre: Sie würde Ihnen, liebe L...., völlig neue Einsichten in die Abgründe des Deutschen gewähren.

Nein, Heiratsannoncen sollen untersucht werden – vor allem jene liebevoll selbstgehäkelten aus der Wochenzeitung DIE

ZEIT, seltener die stereotyp formulierten Anzeigen einschlägiger Vermittlungsbüros, die ja bereits durch ihre Bezeichnungen Angst einjagen: »Eheanbahnungsinstitut« oder »Ehevermittlungsinstitut«. (Die fortschrittlichen unter ihnen nennen sich inzwischen »Partner-Zentrale«, »Partner-Vermittlung« oder einfach »Institut«.)

Allerdings ist die Selbstdarstellung dieser Institute sprachlich bemerkenswert. Manchmal ist ein einziger Buchstabe bezeichnend: im »Akademiker-Cirkel« etwa. Das »C« erinnert uns an Thomas Manns oder Ernst Jüngers Cigaretten und unterscheidet dieses Institut von eher plebejischen Zirkeln mit »Z«.

Ein konkurrierendes Unternehmen ersetzt dagegen den »Zirkel« durch dessen deutsche Übersetzung: Ein »Akademiker-Kreis« kommt dabei heraus, der selbstverständlich von einem (einer?) »Dipl.-Soz.« und einem (einer?) »Dipl.-Psych.« geleitet wird. Noch deutscher kommt allerdings eine »Weg-Gemeinschaft« daher, die sich »seit 1945 im Familienbesitz« befindet.

Eher auf englischsprachige Weltläufigkeit setzt ein anderes Unternehmen. In einer Art Pidgin-Deutsch werden englische Brokken mit einer defekten deutschen Syntax zu einem unbekömmlichen Sprachbrei verquirlt:

> **... genug vom Small-Talk, Flirt und dann auf Wiedersehn?**
>
> **... the elite – the successful ...**
>
> **Mit Freude + gezielt begegnen sich Menschen, die sich füreinander interessieren, mehr erwarten + mehr zu bieten haben:**
>
> **... immer eine First-Adresse**

Genug vom Small talk hatte offenbar dieses Institut selbst. Drei Wochen später erschien das gleiche Inserat – um einige englische Wörter erleichtert und mit verbesserter Syntax:

> **... genug vom Small-Talk, Flirt und dann auf Wiedersehn?**
>
> **Gezielt begegnen sich Menschen, die sich füreinander interessieren, die mehr erwarten + mehr zu bieten haben**

Gezielt muß irgend jemand dem Institut einen Tip gegeben haben: Daß ein Inserat derart stilistisch verbessert wird, ist jedenfalls selten.

Der geheimnisvolle Stilberater hätte sich allerdings öfter einmischen sollen. Dann wäre dem Leser einiges erspart geblieben, etwa die »Einräumung von Kennenlernpausen«. Hinter diesem nominalen Monstrum verbirgt sich wohl der menschenfreundliche Vorschlag, den Kunden zeitweilig mit Angeboten zu verschonen, wenn dessen Heiratslust nachlassen sollte.

Auch an folgendem Stummelsatz hätte unser anonymer Stilberater seine helle Freude gehabt:

Neben persönl. Vorstellung u. Kennenlernen zu zweit
– auch in diesem Jahr wieder (in Ha)
Unsere beliebte, romantische
Candlelight-Party
In priv. Rahmen exclusiver Ehe/Partnervermittlung, Tanzen, sich gut Unterhalten, Flirten und Kontakten

Ein »Satzbauplan«, wie die Sprachwissenschaftler sagen, liegt hier nicht vor: Es folgen lediglich mehrere lose (oder gar nicht) miteinander verbundene Teilsätze aufeinander.

Nun noch einige Beispiele kommerzieller Verheiratungsprosa. Oft lassen die Institute die Heiratswilligen selbst zu Wort kommen:

66jähr. Witwe, jugendl. Frau m. sonnigem Wesen, häusl., natürl., fahre gerne Auto ...

Da wird manch rüstiger Junggeselle bereits bei der Lektüre von einer Heiratskandidatur absehen: Ein »sonniges Wesen« könnte ja auf ein naives, »sonniges Gemüt« deuten.

Mit der Syntax ist es auch bei dieser Textart nicht zum besten bestellt. Eine junge Frau – richtiger: ihr Heiratsinstitut – beschreibt ihre Vorzüge in folgenden bewegten Worten:

31/162, dunkelhaarig mit großen ausdrucksvollen Augen, sehr sinnlichen Lippen und einer sehr hübschen Figur, sehnt sich nach einer gescheiterten Ehe – – –

– wie bitte? Sachte, der Satz ist noch nicht zu Ende; das Objekt der Sehnsucht kommt noch:

– – – nach liebevollen starken Armen, gerne auch von einem etwas älteren Herrn.

Neben einer ungeschickten Konstruktion des Satzes beobachten wir auch hier die Angst der Deutschen vor dem Genitiv. Wahrscheinlich ist es jedoch der einsamen jungen Dame schnuppe, ob sie in den starken Armen »von einem Herrn« oder »eines Herrn« Trost findet. »Vor allem in der Umgangssprache« ist eben der Ersatz des Genitivs durch »von« – wie es in der Duden-Grammatik heißt – »sehr beliebt«. Ich fürchte, er wird sich bald auch in der stilistischen Beletage häuslich niederlassen.

Oft halten die Verfasser kommerzieller Heiratsannoncen die Ich-Form für ihren Text nicht durch und berichten über ihre Kandidaten in der 3. Person. Diese Mixtur führt zu merkwürdigen Ergebnissen:

Junger Arzt möchte sich verlieben.

Er ist 32 J. alt, dunkelhaarig, 1,82 groß, ein charmanter, gutaussehender Typ. Seinen Doktor hat er in der Tasche und praktiziert seit 2 Jahren als Betriebsarzt in einem bekannten Unternehmen. Sein Ziel ist es, möglichst bald eine eigene Praxis zu eröffnen. Nach der Arbeit gehe ich manchmal noch mit einem Freund Tennis spielen. Das hält fit und macht den Kopf frei. Wenn er mir dann von seiner Frau und der kleinen Tochter erzählt, werde ich richtig traurig.

Solch einen Wechsel der Perspektive kann man in modernen Romanen seit längerem beobachten. Dort hat er sein Recht – hier nicht: Er irritiert den Leser.

Und nun zu den heiratswilligen Einzelkämpfern, die in der ZEIT um partnerschaftliches Gehör bitten. Dies vorab: Die meisten dort veröffentlichten Annoncen haben Niveau, obwohl ihre Verfasser keine Fachleute sind: keine Werbetexter, Journalisten oder Schriftsteller. Zwar erreichen sie diese stilistische Höhe zuweilen mit Hilfe eines Drahtseilaktes, stürzen manchmal auch ab – doch lesenswert und erfreulich unroutiniert sind sie allemal.

In diesen Annoncen wird gebalzt, was das Zeug hält – was die deutsche Sprache aushält. Eigentlich »balzen« ja nur Männchen: »Sie werben durch Lockrufe und auffällige Bewegungen um das Weibchen.« (Duden) Doch hier balzen auch (sogar mehrheitlich) die Weibchen – im Unterschied zur Tierwelt und zu früheren Epochen der Menschheitsgeschichte. Doch schon August von Kotzebue war großzügig: »Heiraten und Nähnadeln müssen die Frauenzimmer einfädeln.«

Jede Balzstrategie basiert auf einem Grundsatz: daß man sich stets von seiner schönsten Seite zeige. Dies ist legitim und zweckmäßig. Verlorene Liebesmüh wäre es, wenn er oder sie sich als Mängelexemplar zu erkennen gäbe: etwa als stummelzahniger, zwergwüchsiger Allergiker mit einer ausgeprägten Vorliebe für Teufelskulte.

Für beschönigende Erfordernisse hält die Rhetorik den Euphemismus (Hüllwort) und die Litotes (Untertreibung) bereit. Vor allem dreierlei wird in den Heiratsannoncen immer wieder verhüllt: Leibesfülle, Ehescheidung und die Existenz von Kindern.

Stilistisch völlig angemessen verweist eine Geschäftsfrau aus Bayern auf ihre »barocke Figur«. Dazu paßt, daß sie »Freude hat an guten Gesprächen und Gemütlichkeit«. Da ist eine ihrer Konkurrentinnen etwas gschamiger. Sie bekennt sich zwar zu ihrer »Rubensfigur«, versieht diese aber mit »sportlicher Ausstrahlung«. Eine energische Frau: »Macho oder nicht ist egal«, meint sie. Überdies fahre sie »mit dünnen Reifen auf Sand durch Afrika« – ein Kraftprotz also!

Eine andere bekennt sich in fast schon masochistischer Vollständigkeit,

- »nicht jung« (also ziemlich alt),
- »nicht schön« (also ziemlich häßlich),
- »nicht klein« (also ziemlich groß),

– »nicht schlank« (also ziemlich dick)

zu sein. Diese litotischen Untertreibungen sollen natürlich die Chancen der Kontaktsuchenden erhöhen, obwohl das Gegenteil der Fall sein dürfte.

Ganz und gar nicht komisch sind die verschämten Auskünfte Geschiedener über ihren Familienstand. Bewährte einfache Euphemismen sind »eheerfahren« oder »eheerprobt«.

Kompliziert wird es, wenn Kinder aus der geschiedenen ersten Ehe in die angestrebte zweite eingebracht werden müssen. Dann liest man zum Beispiel etwas von »liebenswertem Anhang« – von Kindern keine Spur.

Fast rührend der Zuruf einer geschiedenen Frau, die ihre beiden Töchter hinter Zeichen und Zahlen verbirgt:

> **Hier sind wir! Wir, eine lebensfrohe, selbständige Familie (3 ♀ / 41, 11, 10 J.), lieben Musik, Bücher, Kino und Theater, unsere Freunde und unser Zuhause, Lachen und Zärtlichkeit.**

Ähnlich subtil geht eine andere Geschiedene vor:

> **Begleitschutz zum Abi-Ball der Tochter gesucht!**

Daß sie geschieden ist, kann nur aus dem Zusammenhang erschlossen werden. Und die bittere Nachricht von der Existenz einer Tochter wird durch den »Abi-Ball« verzuckert: »Die ist ja schon erwachsen!« soll der Leser denken.

Sehr geschickt ist der Text der folgenden Annonce konstruiert:

> ***NUR MUT***
>
> **Nach anstrengender Trauerarbeit suche ich einen MENSCHEN, bei dem ich bei mir bleiben kann, einen MANN, mit dem ich gemeinsam die schönen und traurigen Momente erlebe und lebe, einen FREUND, der genau wie wir (36, 12, 10 u. 5) viel Lebenslust besitzt.**
>
> ***ES LOHNT SICH***

Zunächst meldet ein »ich« (insgesamt dreimal) seine Wünsche an. Erst am Ende des Textes läßt die Verfasserin die Katze aus dem Sack. Jetzt verwendet sie statt des »ich« ein »wir« und schmuggelt drei Kinder ein: Konterbande, die in einer Klammer und hinter Zahlen versteckt wird.

Gelegentlich verbinden sich solche zaghaften Geständnisse mit einer deftigen Polemik, die den Erfolg der Partnersuche nicht gerade wahrscheinlicher macht:

Es kotzt mich an,

wenn ich die Annoncen lese: Männer, die sich Frauen in cm-Angaben suchen, möglichst 10 Jahre jünger: als wären lebendige Frauen Anschau-Puppen, Ehe-Puppen.

Frauen, die sich anpreisen wie saures Bier.

Ja wo sind wir denn?

Gibt es einen Mann, der reif und stark genug ist, mir partnerschaftlich zu begegnen...?

Pfarrerin... 37, Tochter, gesch....

Die Struktur auch dieses Textes ist aufschlußreich. Zunächst läßt die Autorin mächtig Dampf ab: In einem Stil, der für derartige Inserate sonst nicht üblich ist, äußert sie sich über die Textart »Heiratsannonce« – »metasprachlich« würden die Sprachwissenschaftler sagen. Erst am Ende des Textes wird sachlich informiert. Und erst am Ende des Endes gesteht die Verfasserin kleinlaut: »gesch.«

Angesichts solcher Verklausulierungen lobe ich mir eine

Frau mit Kopf/Busen/Charme (?)

und Fröhlichkeit.

Ähnlich präzise – und dazu fast militärisch knapp – gibt eine andere Inserentin ihre Wünsche bekannt:

Kleine attraktive Aktivistin

sucht Mann mit Herz und Hirn ab 50. Raum 4-5

Jawoll – da weiß man, mit wem man es zu tun hat. Dies kann man von der folgenden Kandidatin nicht behaupten:

Wenn Du Dich sehnst nach einem Modell 1958 mit runden Messinghüften, nach strömender Wärme und einem Kribbeln bis in den großen Zeh, dann wäre ein bebilderter Brief von Dir... die Krönung für mich.

Sind die »Messinghüften« ein Hinweis auf orthopädische Probleme? Und wenn's im großen Zeh kribbelt, hat man die Gicht. Beides ist nicht gemeint: Annoncenpoesie liegt hier vor, die der Journalistenpoesie verwandt ist. Der zur Unzeit gesattelte Pegasus geht mit der kühnen Reiterin durch.

Natürlich trifft man auch im Männerlager auf eigenwillige Wortwahl, die sogar Neuschöpfungen einschließt – etwa den »Menschmann mit Geschäft«. Kerniger noch als dieser erscheint ein anderer Heiratskandidat:

Mann
... mit Sinn für traditionelle Werte und Familie,
sucht Weib fürs Leben.

Der Sinn für traditionelle Werte findet seinen Ausdruck in traditioneller Wortwahl: Mann sucht Weib – so geht das schon seit 1 ½ Millionen Jahren.

Daß inzwischen die Frauen Wert darauf legen, nicht mehr Weiber genannt zu werden, ist eine andere Sache, sollte aber beachtet werden. »Pfunds-« und »Mordsweiber« gibt es nur noch in männerbündischer Sprache. Betrachten Sie, liebe L...., überdies die lange Liste entsprechender, die Frauen abwertender Komposita:

- Weiberfeind,
- Weibergeschichte,
- Weibergeschwätz,
- Weiberheld,
- Weiberklatsch,
- Weiberknecht,
- Weiberwirtschaft.

Die Suche nach einer Frau kann man auch ohne großartigen Bezug auf Sinn und Werte ausdrücken – warm, menschlich, bescheiden:

Auf der Straße des Glücks
bin ich gestolpert. Nun suche ich eine schöne und lebendige Frau ..., die mir dabei hilft, mich wieder aufzurichten.

Ein gelungener Text mit einer passenden, klaren Metapher, die nichts gemein hat mit der verquollenen Bilderflut der Annoncenpoesie. Dennoch enthält er einen kleinen Schönheitsfehler: Daß die gesuchte Frau »lebendig« sein soll, ist mehrdeutig und nicht frei von Komik. Eine »lebhafte« Frau wäre hier eher am Platze.

Derartige Unklarheit läßt sich durch entsprechende Zutaten steigern – so wird die Mehrdeutigkeit eindeutig:

> **Gibt es ihn? Den Mann um die 50, der noch lebendig und neugierig ist?**

Ein solcher Satz rückt die Fünfzigjährigen unbeabsichtigt in die Nähe der Scheintoten – der »Zombies«, wie unsere jungen Leute so anschaulich sagen.

Übrigens taucht die Formel »Gibt es ihn/sie?« in vielen Annoncen auf. Oft ist sie eher eine rhetorische Frage – eine Frage, die entweder gar nicht oder nur mit Nein beantwortet werden kann, Ausdruck tiefer, trauriger Skepsis also, zuweilen fast ein Hilferuf:

> **Gibt es noch normale Akademikerinnen bis Anfang 30, die in jungen Professoren nur den Menschen sehen? Letzter Versuch.**

Doch wie so oft trägt auch hier die Trauer groteske Züge. Die Annonce beginnt nämlich so:

> ***Beamter, jünger aussehend,* ist sofort ins Auge gefallen, hat Dein Interesse geweckt. Aktuell sind bei Dir weder Foto noch Kinderwunsch.**

An diesem Text ist so gut wie alles falsch. Er irritiert den Leser und lockt ihn auf falsche Fährten – bereits mit dem ersten Satz.

Dieser sagt etwas anderes, als der Verfasser meint: »Obwohl Beamter, sehe ich jünger aus.« Über den Büroschlaf der Beamten kursieren wilde Gerüchte und mitleidlose Witze – doch nicht über das vermeintliche und tatsächliche Alter unserer Staatsdiener.

Ohne das Dativ-Objekt »dir« wirkt hier »ins Auge gefallen« merkwürdig unbestimmt. Auch sollte man das nicht »aktuelle« »Foto« und den nicht »aktuellen« »Kinderwunsch« nicht in einem Satz zusammenpferchen. Ein Vorschlag zur stilistischen Güte:

Beamter, 40 (?) Jahre, jünger aussehend, ist Dir sofort aufgefallen, hat Dein Interesse geweckt. Vorläufig möchtest Du von ihm weder ein Foto noch Kinder.

Öfter versuchen die Autoren, herkömmlichen Redewendungen neuen Glanz zu verleihen, indem sie nicht deren Kern, wohl aber deren Wortlaut verändern. »Mit beiden Beinen auf der Erde stehen« ist solche eine Wendung. Auch hier scheiden sich die Geister. Eine Kandidatin

sucht großen dynamischen Mann (bis ca. 45), der mit beiden Beinen im Berufs- und Privatleben steht – – –

einen Realisten also. Anders eine ihrer Konkurrentinnen: Die sucht einen Mann,

der mit einem Bein im Himmel, mit dem anderen auf der Erde steht – – –

– einen Artisten also, der einen Riesenspagat in seinem Repertoire hat. Solche metaphorische Verrenkung wäre nichts für unseren Kandidaten aus dem Raum Hamburg:

Meine Freunde halten mich für einen Realisten, überwiegend pragmatisch und etwas anglophil, und auch sonst mit beiden Beinen – – –

– »auf der Erde stehend«, meinen Sie? Falsch:

– – – in keiner Wolke stehend.

Auf der Flucht vor dem Klischee leistet sich der Verfasser einen Bildbruch. Er kombiniert die beidbeinige Redewendung mit einer wolkigen. »Über den Wolken schweben«, das saloppe »auf Wolke 7« oder das altertümliche »Wolkenkuckucksheim« hat ihn wohl zu diesem Bildbastard verleitet.

Manche Bildexpeditionen enden jedoch glücklich, wie das folgende Beispiel zeigt:

Frau, gerade 60, vogelfrei, bereit zu fliegen, sturmerprobt, Federn gelassen, mit tragfähigen Schwingen, ausdauernd und zielgerichet, sucht Flugbegleiter zwischen 60 und 65 J.

In diesem stimmigen, detailliert ausgemalten Tableau bekennt sich die Autorin zu ihrem Wolkenkuckucksheim, das bekanntlich der Komödienschreiber Aristophanes von Vögeln in den Wolken errichten ließ.

Ebenso ausgefeilt der Text eines Hamburgers, der seine Herkunft für ein gastronomisches Wortspiel nutzt. Ihnen, liebe L...., überlasse ich es, dieses Sprachspiel als geschmacklos abzutun oder es als Concetto des Fast-food-Zeitalters zu loben: als »witzigen Einfall in gekünsteltem Stil«. Im 17. Jahrhundert scheute sich der Engländer John Donne ja auch nicht, Flöhe in seine Liebesgedichte einzulassen. Nun unser Zeitgenosse:

APPETITLICHER HAMBURGER, ohne Speck, aber 1,90 hoch, außen knusprig (43), innen weich und warm und voller Würze, herzhaft und reichhaltig, su. knackige Beilage m. gutem Geschmack, fein abgestimmt, gern ein bißchen scharf, naturbelassen m. wertvollen Zutaten u. hübscher Verpackung – nicht nur als Garnierung. Mmmh, ich freu mich schon...

Apropos Engländer: Deren Sprache hat es unseren Autoren angetan, mehr noch als den Verfassern anderer in Deutschland hervorgebrachter Texte – von der Werbung einmal abgesehen. Zahlreiche englische Wörter und Sätze finden sich in den Annoncen.

Warum diese Vorliebe? Schwer zu sagen. Sie hängt nicht zusammen mit der regionalen Herkunft der Autoren: Nicht nur der anglophile Norden unserer Republik ist hier vertreten, sondern auch der den Britischen Inseln ferner liegende Westen und Süden.

Die Weltläufigkeit soll wohl demonstriert werden: kosmopolitische Lebensart, die der Weltsprache Englisch bedarf – so wie früher des Französischen. Letzteres ist nur (quel dommage!)

zweimal nennenswert vertreten. Eine offenbar franko- und museophile Dame inseriert zweisprachig:

Frau (52) sucht Mann – premier rendez-vous im Louvre?

Und ein belesener Kandidat bietet gar Saint-Exupérys Märchen vom Kleinen Prinzen auf, um ans Ziel zu kommen:

Le petit prince
cherche la rose.

Nun zu den mit Englischem angereicherten Annoncen. Die gängigen, in der heutigen Alltagssprache verwendeten englischen Wörter tauchen auch in den Inseraten auf. Sie bleiben entweder unverändert oder werden mit deutschen Wörtern zu neuen Komposita zusammengesetzt, oft auch nach deutscher Art flektiert. Da treffen wir auf:

- Single-Dasein,
- Single-Erfahrung,
- Powerpaket,
- Power-Waage.

Diese Mischlinge können erfolgreich in einen deutschen Satz integriert werden:

Mein Single-Dasein lang habe ich mich standhaft geweigert...

Weniger erfolgreich:

Welche Frau macht Skifahren, Wandern, Trekking, Mountainbiken... mit hedonistischem POWERPAKET eventuell auf Dauer mit?

Auch die modischen »Highlights« dürfen nicht fehlen – hier in Verbindung mit dem ebenso modischen »Frust«:

Alltag und Frust alleine leben, aber die »Highlights« genießen mit einem Mann von Format...

Einige englische Wörter erscheinen in seltsam flektierter Form:

– zufrieden und gesettlet...
– ungeeignet für... smallen talk...

Für vollends fragwürdig halte ich englische Satzfetzen oder Sätze, die in die deutschen Texte eingestreut sind: nicht bewußt eingefügte Intarsien, sondern Zufallskrümel. Was diese mitteilen, kann meist ebensogut in deutscher Sprache gesagt werden.

Da entdecken wir mitten in einem längeren Text solch ein Kukkucksei:

> **... Ich möchte Dir ... vorschlagen: schrittweises Aufeinanderzugehen, Öffnung der Seele ..., to care for, sinnl. Genußfähigkeit ...**

Warum nicht »sich kümmern« statt des englischen Ausdrucks? Die gleiche Frage ist bei den folgenden englischen Trümmern angebracht:

- **Soul for Sale – Slightly Used.**
- **Now and forever?**
- **Today, Tomorrow and Forever.**
- **Just fifty!**
- **Simple Country Style.**
- **Lively lady.**

Warum diese Flut englischer Wendungen? Vielleicht versprechen sich die Autoren von der Fremdsprache eine Filterwirkung, durch die das Private, Intime zurückgehalten wird. Vielleicht ist die Häufigkeit von Anglizismen in diesen Heiratsannoncen nicht nur Ausdruck kosmopolitischen Anspruchs, sondern auch von Verschämtheit.

Die Fünfzigjährige verbirgt ihr Alter hinter dem fremden »just fifty«. Und der einsame Liebhaber des »simple country style« zögert vielleicht, sich zum »einfachen Landleben« zu bekennen. Überdies soll die Leserin mit der englischen Wendung wohl Landrover, Jagdhunde, offenen Kamin assoziieren – Landedelmännisches also.

Gelegentlich sind solche englischen Schlagzeilen dem Text der Annonce angemessen, ja sogar witzig. In Anspielung auf den legendären Sketch »Dinner for One« offeriert eine Inserentin:

DINNER FOR TWO
– nicht nur zu Silvester.

Daß jemand, auf den Filmtitel anspielend, eine »pretty woman« sucht, könnte fatale Folgen haben. Die »pretty woman« des Films war ja bekanntlich ein Callgirl.

Scheußlich dagegen der sprachlich unnötig gemischte Satz:

Tender cat sucht lonely wolf.

Die deutsche Entsprechung wäre keinen Deut schlechter:

Sanfte Katze sucht einsamen Wolf.

Dasselbe gilt für den rein englischen Satz:

I GOT THE WILL BUT I CAN'T
FIND THE WAY.

Ohne Grund gibt hier die Verfasserin das Deutsche auf. Wie wäre es mit:

ICH HAB' DEN WILLEN, DOCH
WEISS DEN WEG NICHT.

Und noch eine – allerdings harmlose und nicht importierte – Mode: die Alliteration. Objektiv ist nicht zu bestimmen, bei wieviel alliterierenden Wörtern die Freude über solch schönen Schmuck aufhört und sich Abneigung gegen protzige Klunkern einstellt.

In den folgenden Beispielen ist die Alliteration willkommen. Sie bindet mehrere gleichanlautende Wörter zu einer Einheit:

– Lachen, Leidenschaft und Liebe.
– Lust auf Liebe und Leben.
– ... der mit mir lacht, lebt, liebt.
– weder Robert Redford noch Rockefeller.

Bisweilen tut ein alliterierender Kandidat zuviel des Guten und erstellt einen willkürlichen Katalog:

Ich mag ... Kunst, Kirche, Kinder, Kino, Klarheit ...

Ein Kuriosum zum Schluß. In einer Annonce verwendet die Autorin Alliteration und Reim – eine für diese Textart ganz seltene Technik. Das Ergebnis dieser literarischen Bemühung überrascht durch seine Offenherzigkeit:

Konzert, Kunst, Koi...
sind selbst für 'ne 58jährige noch Genuß.

Einen solchen Kunstgenuß möchte ich nicht weiter kommentieren – lediglich eine ebenso deutliche, doch ganz anders formulierte Annonce hinzufügen:

Hengst sucht Stute

11. »Mach mal Pause!« Todesanzeigen in deutschen Zeitungen

Ein schöner Zug: Die von einem familiären Ereignis Betroffenen machen die Öffentlichkeit zum Mitwisser. Sie teilen dem verehrten Publikum mit, daß

- sie sich verlobt oder verheiratet haben,
- ihnen ein Sohn oder eine Tochter geboren wurde,
- Opa oder Oma 80 geworden ist,
- Opa und Oma 50 Jahre verheiratet sind,
- ein Familienangehöriger gestorben ist.

Aus mir unerfindlichen Gründen – vielleicht können die Theologen welche liefern – sind in der Textart »Familienanzeigen« allein die Todesanzeigen sprachlich und stilistisch auffällig. Strengt sich der Mensch beim Abschied besonders an? Versucht er, angesichts des Sensenmanns/der Sensenfrau sein Bestes zu geben?

Warum auch immer – neben der kreativen Wucht der Todesanzeigen verblassen die übrigen familiären Mitteilungen. Ab und zu nur fällt eine der letzteren auf: durch ungewollte Komik oder gewollte Geschmacklosigkeit.

So wird etwa ein rüstiger Greis zu seinem 80. Geburtstag mit einem flotten »Hallo, Hansi!« begrüßt und durch ein Foto vergegenwärtigt, das ihn als jungen Gefreiten in der Uniform des Großdeutschen Reiches zeigt. Manch betagter Jubilar wird der zeitungslesenden Öffentlichkeit gar als nacktes Baby auf einem Eisbärfell vorgestellt.

Auch in den (immer seltener werdenden) Geburtsanzeigen vermißt man den zündenden sprachlichen Funken. Meist beschränken sich die glücklichen Eltern auf das Mitteilen von Zahlen: Geburtstag, -stunde, -minute – was die spätere Arbeit

der Astrologen an der Zukunft des neuen Erdenbürgers ungemein erleichtern wird. Größe und Gewicht des Babys werden angegeben, um die Bewunderung oder/und den Neid konkurrierender Eltern hervorzurufen. (Daß bei diesen Angaben oft gemogelt wird, steht für mich daher außer Frage.)
Gelegentlich werden diese dürren Fakten mit einer aufregenden Geschmacklosigkeit garniert: Die Eltern informieren uns über den Zeugungsort des Babys. Etwa: »Statt Mallorca – diesmal Sylt.« Doch dies alles ist, wie gesagt, sprachlich einfallslos.
Daher halten wir uns lieber an die Todesanzeigen – genauer: an jene, die von ihren risikofreudigen Verfassern frei formuliert worden sind. Ich meine also nicht die vorfabrizierten Texte, die den trauernden Angehörigen von Beerdigungsunternehmen oder von der Anzeigenabteilung ihrer Zeitung empfohlen werden. Diese Anzeigen folgen risikolos wenigen, stets gleichbleibenden Mustern:

– Nach einem arbeitsreichen Leben verstarb ...
– In Liebe und Dankbarkeit nehmen wir Abschied von ...
– Wir trauern um ...
– Nach langer Krankheit hat uns X verlassen ...
– Plötzlich und unerwartet ...
– Im Alter von x Jahren ist Y verschieden / heimgegangen / sanft entschlafen / von uns gegangen ...

und einigen mehr.
Die frei formulierten Todesanzeigen können geglückt oder mißlungen sein, je nach dem sprachlichen Vermögen des Autors. Manche dieser Texte rührt uns an:

Du fehlst uns so sehr.

oder:

Auf tragische Weise haben wir Dich verloren,
aber Du wirst immer bei uns sein.

Gelegentlich wird die inhaltliche Aussage eines Textes wirkungsvoll durch Alliteration unterstrichen. So lesen wir den bedrückenden Satz:

Sie war die Seele meines Lebens, die Sonne für meinen Sohn.

Doch mancher auf eigene Faust unternommene Text mißglückt – aus sehr unterschiedlichen Gründen. Bevor wir die wichtigsten untersuchen, sei nur kurz erwähnt, daß Todesanzeigen – warum denn auch? – ebensowenig vor grammatischen Fehlern gefeit sind wie andere Textarten.

»Dankbarkeit und Trauer erfüllt uns«, lesen wir – statt »erfüllen uns«: Das zweigliedrige Subjekt erfordert hier die Pluralform des Verbs. In anderen Anzeigen macht sich jenes Unbehagen an der Flexion bemerkbar, das wir heute allgemein im Deutschen beobachten:

Wir nehmen Abschied von
Prof. Dr. X. Y.
ein Advokat der Humanität.

Doch zum Stil: Den haben wir vor allem im Visier. Die Auswahl des für den jeweiligen Kontext angemessenen Wortes bereitet manchen Verfassern Mühe. Bezeichnenderweise greifen diese oft nicht völlig daneben, sondern verfehlen das richtige Wort nur um Haaresbreite. Die Wirkung ist dennoch gleichermaßen verheerend:

Mitten aus einem reichhaltigen Leben voller Hoffnung und neuen Zielen wurde X. Y. gerissen.

Nicht das Leben kann reichhaltig sein, sondern eine Speisekarte, ein Warenangebot, eine Bibliothek. Der Verfasser der Anzeige wollte das sonst übliche, klischeehafte »reiche Leben« vermeiden – und verirrte sich prompt in diesem üppigen Wortfeld.

Vielleicht waren jene Angehörigen von demselben Motiv geleitet, die in ihrer Anzeige erleichtert ausriefen:

Von den Erschwernissen seines Alters erlöst!

Nein, nur von »Beschwernissen« des Alters kann die Rede sein, das heißt: von dessen Mühsal oder eben – altertümlich – dessen »Beschwer«. Die »Erschwernis« meint eine (oft zusätzliche)

Schwierigkeit: Besonders schwere Arbeit wird daher mit einer »Erschwerniszulage« belohnt.
Zuweilen sieht man an diesen Beispielen sehr deutlich die enormen Nuancierungsmöglichkeiten eng verwandter deutscher Wörter – und die daher um so größere Wahrscheinlichkeit, die einander ähnlichen Wörter zu verwechseln: Chance und Gefahr also eines reichen oder reichhaltigen Wortschatzes und eines üppigen Systems der Wortbildung.
Ein reicher Wortschatz verleitet auch die Verfasser von Todesanzeigen zu unnötiger Wiederholung sinngleicher Wörter. Man liest etwa Dopplungen wie diese:

> **Wir trauern um Herrn X. Y., der am 1. November 1993 unerwartet und plötzlich im Alter von 55 Jahren verstorben ist.**

Oder in einer Schweizer Tageszeitung:

> **Unser liebes Mami, Grossmami und Urgrossmami X. Y. hat uns heute still und leise verlassen.**

In beiden Fällen erhält der Text durch das zweite Adverb keine zusätzliche Bedeutungsnuance. Es ist überflüssig – »redundant«, wie die Sprachwissenschaftler sagen. Kann ein Verfasser etwa in Adverbien vernarrt sein? Umberto Eco behauptet es augenzwinkernd:

> **Mein Gott, womit identifiziert sich ein Autor? Mit den Adverbien, das ist doch klar.**

Die Urheber solcher Dopplungen können sich zur Not herausreden: Sie hätten das »Plötzliche« oder das »Stille« betonen wollen. Wenn jedoch ein Autor sich gegen die Idiomatik versündigt (die allgemein vereinbarte Ausdrucksweise), steht ihm solch eine Ausrede nicht mehr zur Verfügung. Manchmal sind es geringe Abweichungen von der sprachlichen Gepflogenheit:

> **In tiefer Trauer und großer Bestürzung geben wir Kenntnis, daß Herr X. Y. im Alter von 67 Jahren plötzlich und unerwartet verstorben ist.**

Üblich wäre: Wir geben »zur Kenntnis«, daß Herr X. Y. verstorben ist. Allerdings »haben wir Kenntnis« von diesem Ereignis erlangt. Und um diese unterschiedlichen Konstruktionen beurteilen zu können, muß man über »Kenntnisse in« der Idiomatik des Deutschen verfügen.

Wenn die Verfasser einer Todesanzeige von den altbewährten Textmustern abweichen wollen, gehen sie oft halbherzig vor: Sie verwenden traditionelle Formulierungen und fügen sie zu neuen Texten zusammen – manchmal mit verheerenden Folgen. So lesen wir etwa:

> **Unser lieber Vater, Großvater ..., Dipl.-Ing. X. Y., hat uns nach einem erfüllten Leben durch einen sanften Tod verlassen.**

Das geht leider nicht: »Durch einen sanften Tod« kann X. Y. seine Angehörigen nicht verlassen. Wohl kann er »eines sanften Todes sterben«. Der Verfasser ist an seinem Text gescheitert, weil er drei alte Formeln zu einem neuen Satz in ungeschickter Weise kombiniert hat:

– nach einem erfüllten Leben;
– sanfter Tod;
– er hat uns verlassen.

Denkbar wäre eine andere Gruppierung derselben drei Formeln:

> **Ein sanfter Tod hat ein erfülltes Leben beendet: Unser lieber Vater ... hat uns verlassen.**

Auch im folgenden Beispiel geraten sich mehrere konventionelle Formulierungen ins Gehege:

> **Mitten aus einem arbeitsreichen Leben verstarb unerwartet unser Mitarbeiter und Kollege X. Y.**

So kann man die beiden Formeln nicht miteinander verbinden. Möglich wäre:

> **Mitten aus einem arbeitsreichen Leben gerissen, verstarb unerwartet unser Mitarbeiter und Kollege X. Y.**

Stilistisch bedenklich ist auch die Aneinanderreihung von traditionellen Versatzstücken, die mit derselben Präposition beginnen: Derartige Wiederholungen dienen ja nicht einer rhetorischen Absicht – etwa der Betonung des Gesagten. Da lesen wir zum Beispiel:

In Dankbarkeit nahmen wir in aller Stille Abschied von ...

Oder:

Nach Gottes Willen entschlief nach längerem Leiden mein lieber Mann ...

Statt dessen könnte man schreiben:

Dankbar und in aller Stille nahmen wir Abschied von ...

Und:

Von längerem Leiden erlöste Gott meinen lieben Mann ...

Manche der durch sprachliches Recycling gewonnenen Formulierungen erregen beim Leser Heiterkeit, obwohl es so etwas gar nicht geben dürfte:

Nach Gottes heiligem Willen hat mein lieber Mann ... für uns alle unerwartet seinen ewigen Frieden gefunden.

War der Verblichene ein Bösewicht oder ein Krakeeler, für den der ewige Friede eigentlich nicht in Frage kommt? Natürlich nicht: Er ist lediglich unerwartet gestorben und hat nun seinen ewigen Frieden.

Überhaupt hapert es auch in Todesanzeigen gewaltig mit der Klarheit und der chronologisch richtigen Abfolge der Gedanken. Oft sind groteske Texte die Folge solcher Gedankenschluderei. Zunächst einige Beispiele für solchen Mangel an Chrono-Logik. Wir lesen:

Ein erfülltes Leben ging nach schwerer Krankheit erlösend zu Ende.

Das kann wohl nicht sein: Die Erlösung bringt erst der Tod. Gemeint war wohl:

Nach schwerer Krankheit brachte einem erfüllten Leben der Tod die Erlösung.

Unfreiwillige Komik bietet der folgende Text:

Nach einem glücklichen und erfüllten Leben verschied nach langem ... Leiden meine geliebte Frau ...

Hier kommt es in ganz ungewöhnlicher Weise zur Krankheit nach dem Tode. Im Unterschied dazu gibt es in einer anderen Anzeige den Tod vor dem Ableben:

Befreit von Schmerz und Leid hat heute meine geliebte Frau ... ihren irdischen Lebensweg beendet.

Als extremes Beispiel syntaktischen Scheiterns sei der folgende Satz angeführt:

Mit großer Geduld, viel Stärke und ertragener Krankheiten, verstarb ...

Dem Verfasser schwebte vor:

Nach vielen, mit großer Geduld und Stärke ertragenen Krankheiten verstarb ...

Ein Fehlertyp ist besonders oft vertreten: Durch falsche Konstruktion werden im Satz Bezüge hergestellt, die der Verfasser gar nicht beabsichtigt hat. Bei diesen Texten werden die Angehörigen oder Gott auf skurrile Art in die Angelegenheiten des Toten verwickelt. Das häufigste derartige Muster, die Angehörigen betreffend, sieht so aus:

Nach langem, schweren Leiden nehmen wir Abschied von ...

Das »lange, schwere Leiden« soll sich auf den Verstorbenen beziehen – aufgrund der unglücklichen Konstruktion des Satzes verweist es jedoch auf die Angehörigen.

Auch Gott wird in schiefe Sätze hineingezogen und Opfer grotesker Mißverständnisse. Einige Kostproben mögen dies zeigen.

Gott ist alt – denn:

Im gesegneten Alter hat der Herr unseren lieben Vater ... zu sich gerufen.

Gott ist verheiratet – denn:

Einen Tag nach dem Tode seiner geliebten Frau rief Gott auch unseren lieben Vati zu sich...

Gott ist ein Kämpfer – denn:

Nach schwerem Lebenskampf sprach heute der Herr sein Amen.

Gott versagt dem Menschen sein Herz – denn:

Gott... hat plötzlich durch Herzversagen zu sich gerufen Herrn X. Y.

In einem anderen Text erhält die Todesnachricht unversehens menschliche (anthropomorphe) Züge:

Mit Bestürzung erreichte uns die unfaßbare Nachricht, daß... Frau X. Y. am 7. März 1994 verstorben ist.

Nicht die Nachricht ist wohl bestürzt – die Hinterbliebenen sind es. Richtig wäre:

Wir sind bestürzt über die unfaßbare Nachricht, daß...

Ein letzter Fall aus dem Bereich der Syntax zeigt, daß es zuweilen ratsam sein kann, am vielgeschmähten Nominalstil festzuhalten. Oft wird in einer Todesanzeige nach dem bewährten nominalen Muster mitgeteilt:

Die Beisetzung fand im engsten Familienkreis statt.

Dies klingt zwar bürokratisch wie eine Bekanntmachung durch das zuständige Friedhofsamt, ist aber korrekt und eindeutig. Das kann man von einigen Denominalisierungsversuchen nicht behaupten. Lesen Sie bitte selbst:

Wir haben sie/ihn im engsten Familienkreis beigesetzt.

Nicht auszudenken, was als Ort für eine Beisetzung in Frage kommt. Diese ungewollte Zweideutigkeit kommt zustande, weil der Satz nicht mehr unpersönlich und abstrakt formuliert ist, sondern personal und anschaulich: Nunmehr kommen in ihm die Angehörigen (als Handelnde) vor – und der Verstorbene wird als Beizusetzender ausdrücklich benannt.

Schließlich einige Texte, aus denen hervorgeht, daß auch Todesanzeigen nicht von Reibereien zwischen unterschiedlichen Stilregistern oder Bildbereichen verschont bleiben. Das erste

Tex Rubinowitz

Beispiel paßt atmosphärisch gut zu dem obigen, indem es eine Stimmung anheimelnder Familiarität beschwört. Die Angehörigen sind sich über die Verstorbene einig:

Sie wird in ihrem neuen Zuhause auf uns warten.

Dies klingt so, als ob die deutsche Gemütlichkeit auch im Jenseits kein Ende hätte – wenn da nicht ein Satz vorherginge, der etwas ganz anderes vermuten läßt und eben einen klassischen Bildbruch einleitet:

Unsere Mama ist mit dem Wind auf die Reise gegangen.

Entweder oder! Beides zusammen – Windreise und Zuhause – ist wohl nicht möglich.

Ein scheinbarer Stilbruch liegt im nächsten Beispiel vor. Dort entscheidet die Betonung darüber, wie man den ersten Satz der Anzeige bewerten soll. Er lautet:

In Gottes Namen.

Ein riskanter Satz, der in ganz unfeierlichen Zusammenhängen auftauchen kann und daher in einer Todesanzeige zu vermeiden ist. Die Mutter etwa zum quengelnden Kind: »In Gottes Namen – hol' dir den Lolli!« Einen solch zweideutigen Satz sollte man keinem Verstorbenen nachrufen.

Häufig vermitteln die Autoren von Todesanzeigen ungewollt den Eindruck sehr zurückhaltender Trauer:

Mein geliebter, lebensfroher Mann ... ist leider von uns gegangen und wird uns sehr fehlen.

Dieses »leider« ist fatal – ein förmlicher Ausdruck milden Bedauerns: »Dieses Buch ist leider vergriffen, Frau Doktor.«

Auch in den folgenden Beispielen ist der Ausdruck der Trauer förmlich und zu schwach – stilistisch eben einem falschen Register entnommen:

Mit großem Bedauern haben wir von dem plötzlichen Ableben unseres Mitarbeiters X. Y. Kenntnis genommen.

Man trauert um einen Toten, ist über dessen Tod bestürzt – doch man bedauert, einer Einladung nicht folgen zu können. Zu diesem kalten Bedauern paßt natürlich die bürokratische »Kenntnisnahme« ganz hervorragend.

Auch das sachlich aufzählende »sowie« in einer Todesanzeige gibt zu denken:

In Liebe und Dankbarkeit sowie Trauer ...

Hier erscheint die Trauer unter »ferner liefen« – wenn Sie mir diesen rennsportlichen Ausdruck gestatten. Korrekt und unverfänglich wäre:

In Liebe, Dankbarkeit und Trauer ...

Umgekehrt trifft man auch auf rührende Versuche, dem Verstorbenen sprachlich Wärme angedeihen zu lassen. Ein Fachverband gibt sich als Großfamilie zu erkennen:

Die deutsche Tabakfamilie trauert um einen engagierten und vorbildlichen Angehörigen. Als Vorstandsvorsitzender unseres Verbandes ... überzeugte er als Familienoberhaupt durch Autorität und Menschlichkeit.

Ein familiärer Overkill. Und was kann »Familie« (oder etwa »Pate«) nicht alles bedeuten! Nicht nur kalte – auch überhitzte Trauer kann schaden.

Eine witzige Todesanzeige zum Schluß – die einzige, auf die ich während meiner Sammlertätigkeit gestoßen bin. Sicher ist der Tod keine lustige Angelegenheit, doch darf man sich wohl mit Witz gegen ihn wehren: »Der Tod ist groß. Wir sind die Seinen lachenden Munds«, wie Rilke in seinem »Schlußstück« schrieb. Oder Woody Allen: »Ich habe nichts gegen den Tod, nur möchte ich nicht dabeisein, wenn er kommt.«

Jedenfalls ist solcher Galgenhumor hilfreicher als Heideggers Wortgeräusch:

Der Tod ist die Möglichkeit der schlechthinnigen Daseinsunmöglichkeit.

Vergleichen schärft den Sinn fürs Originelle. Betrachten wir also die drei nebeneinander abgedruckten Anzeigen, in denen der Verstorbene simultan, doch unterschiedlich betrauert wird: von seiner Familie, dem zuständigen Fachverband und von seiner Firma.

Die Familie nimmt distanziert Abschied mit einer kurzen lateinischen »Danksage«:

GRATIAM REFERRE

Ganz anders der Fachverband. Er singt – ich meine dies nicht ironisch – eine wunderbar formulierte Lobeshymne auf den Verstorbenen:

> **Ein großer Mann der Werbung ist von uns gegangen. Seine Impulse prägten die moderne Werbeagentur. Seine Kampagnen machten Geschichte. Seine Schüler wurden zu Vorbildern ...**

So wünscht man sich Texte – nicht nur Todesanzeigen:
– klar gebaut: Der Behauptung (»großer Mann«) folgen die Argumente in der rhetorisch günstigen Dreizahl (»Impulse«, »Kampagnen«, »Schüler«)
– zusammenhängend: Wir lesen nicht eine beliebige Folge von Sätzen, sondern einen geformten Text. Dessen Einheit wird dem Leser durch mehrere Kunstgriffe signalisiert: Die Sätze beginnen mit demselben Wort (Anapher) und sind fast gleich gebaut (Parallelismus)
– rhetorisch brillant: siehe oben.

Völlig anders als die frostige Verabschiedung durch die Angehörigen und die Belobigung durch den Verband fällt das Adieu der Firma aus:

> **»MACH MAL PAUSE«**
>
> **Abschied mit einem Slogan, der gemeinsam mit vielen anderen brillanten Werbeideen aus seiner Feder vor gut vierzig Jahren die Reklame revolutionierte und der Werbung das Laufen beibrachte.**

Ein gelungener, witziger »Gag«, wie die Autoren dieser Anzeige wohl sagen würden: Die ehemaligen Mitarbeiter rufen ihrem Chef dessen eigenen schnoddrigen Slogan nach, mit dem früher erfolgreich für Coca-Cola geworben wurde. Ihnen unterläuft hier kein Stilbruch – ihnen gelingt einer: Sie setzen ihn funktional ein, um auf die Leistung des Verstorbenen und auf Vertrautheit mit ihm hinzuweisen.

Zum Schluß noch, dem Motto der letzten Anzeige gemäß, acht

Verse Gottfried Benns aus seinem satirischen Nachruf auf Fürst Krafft:

So schuf er für das Ganze.
Und hat noch hochbetagt
im Bergrevier der Tatra
die flinke Gemse gejagt.
Drum ruft ihm über die Bahre
neben der Industrie
alles Schöne, Gute, Wahre
ein letztes Halali.

12. »Doktorandin/en gesucht« Stellenangebote

Sie meinen, liebe L…., Stellenangebote seien nicht der Rede wert? Irrtum – sie sind zwar fast immer gleich aufgebaut und formuliert (X sucht zum Soundsovielten Y mit z Merkmalen), doch seit kurzem unterscheiden sie sich in einer Hinsicht auf erstaunliche Weise: durch die abenteuerlichen Versuche, Frauen und Männer sprachlich gleichberechtigt zu behandeln.
Dieses Anliegen ist unstrittig und wird in den Texten selten vernachlässigt. Ausnahmen bestätigen diese Regel. Unlängst suchte eine Fachhochschule, störrisch und offenbar nicht an den neuesten sprachlichen Entwicklungen interessiert,

1 Professor (C 2)

für die Fachgebiete Massivbau, Baustatik und einem dritten Fach des konstruktiven Ingenieurbaus

1 Professor (C 2)

für die Fachgebiete Baubetriebswirtschaft, Verfahrenstechnik, Schwerpunkt: Umwelttechnik

1 Professor (C 2)

für die Fachgebiete Bauphysik, Baukonstruktion, Bausanierung

1 Professor (C 2)

für die Fachgebiete Verkehrsbau (einschl. Eisenbahnwesen), Bodenmechanik

Gleich viermal verstößt hier ohne Not der zuständige Dekan gegen das Gleichheitsprinzip: »Professur« oder »Professor/in« hätten ihm zur Verfügung gestanden. Hat er fahrlässig oder in vorsätzlich frauenfeindlicher Absicht gehandelt? Der am Schluß des Inserats angebrachte Satz gibt uns zu denken. Eigenwillig weicht der Dekan von der üblichen Formulierung ab. Diese lautet meist so:

Die Universität strebt eine Erhöhung des Anteils von Frauen im wissenschaftlichen Personal an und fordert deshalb qualifizierte Frauen auf, sich zu bewerben.

Kein schöner, aber ein gutgemeinter Satz. Keinen gutgemeinten, aber einen schönen Satz hat unser eigensinniger Dekan hervorgebracht:

Die Fachhochschule begrüßt es, wenn sich Frauen durch die Ausschreibung angesprochen fühlen.

Eine unverbindliche, pflaumenweiche Haltung kommt hier zum Ausdruck. So etwas ist bedauerlich, aber (Gott/Göttin sei Dank) selten. Fast alle anderen Verfasser solcher Texte mühen sich redlich um die Gleichbehandlung der beiden Geschlechter – mit mäßigem Erfolg, wie wir sehen werden.

Nun ist dieses Bemühen um Fair play allerdings ein schwieriges Unterfangen. Selbst die engagierte Feministin Alice Schwarzer hält die sprachliche Emanzipation nicht immer durch. So verwendet sie in einem kürzlich veröffentlichten Artikel anfänglich eine die Frauen nicht diskriminierende Form – »InformantInnen«:

Darum habe ich mit meinen InformantInnen über meine Sorge, sie trotz der gebotenen Behutsamkeit zu verletzen ..., immer wieder geredet.

Doch in der Mitte ihres Textes – man/frau hat sich inzwischen freigeschrieben und den guten Vorsatz vergessen – bedient sie sich jener »sexistischen« Sprache, die den Männern so oft (manchmal zu Recht) vorgeworfen wird:

In meinem Buch gibt es nicht ein einziges Zitat, das nicht Wort für Wort mit den Informanten abgestimmt wäre.

So etwas geschieht also am grünen Holz – wie kann man es dann dem wackeren Dekan vorwerfen? Wie halten es denn die anderen Verfasser von Stellenangeboten mit der sprachlich schwierigen Emanzipation der Frauen?

Manche Verfasser umgehen die Probleme beidgeschlechtlichen Formulierens und entscheiden sich für ein neutrales, allen genehmes Wort. Sie versuchen zum Beispiel, die Stelle einer »leitenden Unterrichtskraft« oder eine »Professur« zu besetzen. Andere wählen den sicheren, jedoch umständlichen Weg, die weibliche und die männliche Form zu verwenden. Dies kann dann so aussehen:

Bei der

STADT BONN

ist zum 1. 10. 1993 die Stelle

einer BEIGEORDNETEN
oder eines BEIGEORDNETEN

zu besetzen.

Hier frage ich mich, ob man nicht einen Beigeordneten einsparen könnte, also »die Stelle einer oder eines Beigeordneten« besetzen will. Eine solche Schlankheitskur ist in Fällen der folgenden Art nicht möglich:

Bei der Ministerin für Arbeit, Soziales, Jugend und Gesundheit des Landes Schleswig-Holstein sind zum nächstmöglichen Zeitpunkt zwei Stellen für

Abteilungsleiterinnen
oder Abteilungsleiter

zu besetzen.

Solche molligen »Paarformen« sind in den Stellenanzeigen jedoch selten. Die Verfasser ziehen meist das sogenannte »Splitting« mit Schrägstrich oder Klammer vor. Bei diesem Splitten kommt ihnen leider die deutsche Flexion in die Quere. Denn meist gilt es, ein Substantiv mit dem zugehörigen unbestimmten oder bestimmten Artikel auf umständliche und sehr unterschiedliche Art zu beugen.

Man sucht ja *eine* Technikerin oder *einen* Techniker. Man will eine Stelle mit *einer* Technikerin oder mit *einem* Techniker besetzen. Man offeriert die Stelle *einer* Technikerin oder *eines*

Technikers. (Die gleichen Sätze mit dem bestimmten Artikel können Sie, liebe L...., zu Ihrem Flexionsvergnügen selber bilden.)

Darüber hinaus ist es nicht immer möglich, eine Berufsbezeichnung sinnvoll zu splitten. Keine Schwierigkeit bieten Wörter wie:

- Chemiker/in
- Redakteur/in
- Direktor/in
- Professor/in.

Doch einem Splitting widersetzen sich etwa der

- Biologe
- Psychologe
- Pädagoge.

Denn deren weibliche Entsprechungen wären deformierte Wesen:

- Biologe/in = Biologein?
- Psychologe/in = Psychologein?
- Pädagoge/in = Pädagogein?

Und doch treffen wir sehr häufig auf solche Kuriositäten. Einige Kostproben.

In die Fänge der deutschen Flexion geraten, verlautbart eine süddeutsche Universität:

> Für die Versuchseinrichtung zur Grundwasser- und Altlastensanierung (VEGAS) wird ab 1. Oktober 1993 zur Betreuung des neu einzurichtenden Labors ein(e) promovierte(r)
>
> **Chemiker(in)**
>
> gesucht.

In diesem Fall ist das »Splitting« besonders schwierig, da auch noch ein Adjektiv flektiert werden muß – mit unterschiedlichen Formen für Frauen und Männer. Irgendwie, aber eben nur irgendwie, weiß der Leser, was hier gemeint ist: Es wird eine promovierte Chemikerin oder ein promovierter Chemiker gesucht. Strenggenommen, oder besser: genau gelesen, besagt der Text:

Gesucht wird
eine promovierter Chemikerin
oder ein promovierte Chemiker.

Wie man solch einen grotesken Text vermeidet? Man müßte ihn völlig neu gestalten und vor allem versuchen, der Flexion zu entgehen. Etwa so (passivisch):

CHEMIKER/IN
wird zum 1. Oktober 1993 für die Versuchseinrichtung ...
gesucht. Promotion wird vorausgesetzt.

Oder so (aktivisch):

Die Versuchseinrichtung ... sucht zum 1. Oktober 1993
CHEMIKER/IN
Promotion wird vorausgesetzt.

Der komische Effekt kann durch Verdopplung wirkungsvoll gesteigert werden:

> Das Institut für Regionalentwicklung und Strukturplanung e. V., eine außeruniversitäre Forschungseinrichtung der sog. Blauen Liste, sucht ab 1. 10. 93
>
> **eine(n) Abteilungsleiter(in) und stellvertretende(n) Direktor(in)**

Im Klartext heißt dies:

Das Institut sucht einen Abteilungsleiterin und
stellvertretenden Direktorin
oder
eine Abteilungsleiter und stellvertretende Direktor.

Auch hier liegt das Heil in der Flucht vor der Flexion. Den Text könnte man deutschfreundlicher so formulieren:

Abteilungsleiter/in und stellvertr. Direktor/in
ab 1.10.93 vom Institut für Regionalentwicklung ...
gesucht.

Oder auch so:

Das Institut für Regionalentwicklung...
sucht zum 1.10.93
Abteilungsleiter/in und stellvertr. Direktor/in.

Wir haben übrigens in all diesen Fällen das vielfach geforderte, sogenannte »Titanicprinzip« nicht befolgt. Dieses Prinzip gibt es wirklich. Es bedeutet nicht: Rette sich, wer kann – oder: Nach uns die Sintflut. Nein – es besagt: Frauen (und Kinder) zuerst! Eine selbstverständliche Höflichkeit, die man gerne beachtet, doch mit den Engländern lieber als »Ladies first!« bezeichnen möchte.

Wenn man jedoch gegen dieses »Titanicprinzip« verstößt, löst sich, wie wir sahen, in vielen Fällen das Beziehungsknäuel. Ich nenne dieses Umkehrverfahren nicht ohne Entdeckerstolz das »Cinatit-Prinzip«.

Noch grotesker werden die Texte, wenn die Berufsbezeichnungen im Plural stehen oder im Nominativ (maskulin) auf *-e* enden oder in den maskulinen flektierten Formen auf *-en*. Da wimmelt es von exotischen Berufen:

FACHKLINIK
WILHELMSHEIM

FACHKLINIK WILHELMSHEIM sucht zum nächstmöglichen Zeitpunkt zwei

ERGOTHERAPEUTEN/INNEN.

Offenbar werden Ergotherapeuteninnen gesucht. Oder – in anderen Inseraten – Logopädeninnen, eine Diplombiologein oder Diplom-Psychologein. Am schönsten jedoch klingen in meinen Ohren die Doktorandinen: Sie erinnern an Mandarinen, Clementinen, Sardinen oder (noch besser) an Blondinen. Die Wirklichkeit des Textes sieht ganz anders aus:

In der **Abteilung Virologie** ist ab sofort die Stelle einer/s

Doktorandin/en

zu besetzen.

Hinter den Doktorandinen verbirgt sich – o Schreck! – ein Mann: ein Doktorand. Konnten die Virologen/innen die freie Stelle nicht im Nominativ besetzen und das Cinatit-Prinzip anwenden? Etwa so:

Für eine freie Stelle in der Abteilung Virologie
wird ab sofort
DOKTORAND/IN
gesucht.

Das in anderen Textarten beliebte sogenannte »Binnen-I« findet sich in Stellenangeboten selten. Allerdings ist mir »der/die Fund-RaiserIn« begegnet, ein englisch-deutsch-emanzipiertes Fabelwesen.

Halten wir fest: So erfreulich die Versuche sind, in Stellenanzeigen »nichtsexistische« Sprache zu verwenden – so bescheiden ist der Erfolg. Dieser läßt sich aufgrund vielfältiger Flexionsprobleme nicht nennenswert steigern. Immerhin können durch Verwendung anderer Satzmuster gelegentlich die auffälligsten Ungereimtheiten beseitigt werden. An das von mir entdeckte Cinatit-Prinzip wird in diesem Zusammenhang erinnert.

Daß übrigens die Forderung nach »nichtsexistischer« Sprache inzwischen auch die Welt der Gegenstände erreicht hat, zeigt folgender Rat der Kriminalpolizei, in dem das »Splitting mit Schrägstrich« unverkennbar seine Spuren hinterlassen hat:

Parodie oder Realparodie – dies ist hier die Frage.

Fraglos parodistisch gemeint ist der Vorschlag des Zeichners Freimut Wössner, »nichtsexistische Sprache« auch für den neudeutschen Begriff »Ossi« durchzusetzen:

Freimut Wössner

Dann sollte man auch, konsequent dem Lateinischen folgend, »Ossi« durch »Ossus« ersetzen.

13. »On-Road-Komfort«
Werbetexte

Das waren noch Zeiten, als man so für ein Haushaltsgerät werben konnte:

Oder für ein Schmerzmittel:

Rasch verklingend wie ein Ton
schwindet Schmerz durch Melabon.

Reime sind in der Werbung kaum noch gefragt – längere Sätze genausowenig. Eine alteingesessene Bonner Süßwarenfabrik hält noch tapfer das Reimfähnlein hoch:

Haribo macht Kinder froh –
und Erwachsene ebenso.

Und auch für einen Weinbrand wird noch reimend (in holpriger Syntax) geworben:

Wenn einem so viel Gutes widerfährt –
Das ist schon einen Asbach Uralt wert.

Bereits vor Jahrzehnten haben zahlreiche Parodien solcher werbenden, meist vierhebigen Paarreime deren nahes Ende angezeigt. Etwa:

Wer liegt dort tot im Unterholz?
Das sind die Raucher von Overstolz.

Oder:

Zweimal Pepsodent am Tag
Löst die Zähne samt Belag.

Deutlicher als alle anderen Textarten spiegeln Werbetexte die neuesten Entwicklungstendenzen der Sprache. Der Grund dafür liegt auf der Hand. Die Werbetexter mühen sich – manchmal verzweifelt – um Kunden, die meist etwas kaufen sollen: Dienstleistungen oder Waren.

Daher kommen die Texter dem potentiellen Käufer sprachlich möglichst weit entgegen. Manchmal tun sie nur so. Oft genug preschen sie mit Neuerungen vor, die den Leser überraschen und für das Produkt interessieren sollen: »Eurocard – Deutschlands meiste Kreditkarte« zum Beispiel. Hier produzieren die Texter einen witzigen, auffälligen Slogan, indem sie die Sprachkonvention mißachten. Nicht der Singular, sondern der Plural ist in dieser Fügung sonst üblich: »die meisten Kreditkarten«.

Modisch und knapp gesagt: Die Werbetexter nutzen, verstärken und erfinden Sprachtrends. Besonders drei Merkmale des heutigen Deutsch verwenden sie in ihren Texten: einfache, ja schlichte Syntax, zahlreiche Anglizismen und deutsche Modeworte.

Wir werden natürlich auch auf Ausnahmen treffen, doch sie bestätigen die Regel. Über einen Kamm werde ich nicht scheren, denn jeder Text ist für sich zu bewerten. Die Gruppe der Adressaten, die Art des Angebots und des Mediums sind stets zu berücksichtigen.

Beginnen wir mit Dienstleistungen – mit dem Angebot eines Instituts, aus jedem schreibenden Interessenten in einem Fernlehrgang einen »erfolgreichen Autor« zu machen, einen Werbetexter zum Beispiel:

> **Qualifizierte Werbetexter sind gesucht:**
> **Haben Sie sich auch schon gefragt: »Wer schreibt eigentlich die Werbetexte? Könnte ich das lernen?« Jetzt können Sie's lernen – zu Hause, in Ihrer Freizeit, angeleitet durch namhafte Werbefachleute.**

Ausgerechnet diese »namhaften Werbefachleute« haben einen Werbetext verfaßt, der einige Wünsche offenläßt, obwohl er kaum Anglizismen enthält und nicht in Minisätzen geschrieben ist. Auch diese Experten plagen sich mit dem manchmal schwer zu handhabenden umfangreichen Wortschatz:

> **Ist es schon lange Ihr Wunsch, wie ein erfolgreicher Autor schreiben zu können?... Um mitzureden, mitzubewegen? Um sich eines der dankbarsten Hobbys zu erschließen? Oder einen erträglichen Nebenberuf...?**

Wie bitte? Der Nebenberuf soll wohl nicht »ertragen« werden, sondern etwas einbringen – »einträglich sein«. Einige Sätze weiter behaupten die »namhaften Werbefachleute«:

> **Schreiben-Lernen ist das aufregenste (sic!) Abenteuer in Ihrem Leben.**

Da haben sie recht – zumindest in orthographischer Hinsicht.

Ähnlich schlampig sind die Worte in dem Werbebrief einer Immobilienfirma gewählt:

> **Unsere Mitarbeiter verfügen über eine ausreichende Berufserfahrung.**

Ob die für den Kunden »ausreicht«? Der Kunde will mehr: »langjährige Berufspraxis«. »Bei einem eventuellen Verkaufsfall« (also nicht: Todesfall) führen die Mitarbeiter etwas durch:

> **eine völlig unverbindliche Beratung einschließlich einer Wertschätzung Ihres Objekts.**

Von einer »Wertschätzung« seiner Person darf der Kunde – der werte Kunde eben – ausgehen. Ihm liegt aber eher daran, daß der Wert seiner Immobilie geschätzt (»taxiert«) wird.
Auch die Werbung, die von Expertenteams für große Firmen ausgetüftelt wird, ist nicht frei von irritierenden Unklarheiten. In einem Werbetext der VW/Audi-Gruppe wird auf die Qualität ihrer Gebrauchtwagen hingewiesen:

Mit einem Gebrauchten von uns fahren Sie doppelt sicher. Erstens, weil unsere Gebrauchten durch die Bank auf Herz und Nieren geprüft sind...

Durch die Bank werden die Käufer auf Kreditwürdigkeit geprüft – die Gebrauchtwagen sollte man »ausnahmslos« oder »stets« durch das technische Personal begutachten lassen: Eine solche Wortwahl wäre unmißverständlich.
Übrigens wäre dieser Text in mündlicher Wiedergabe deutlich – der Sprecher würde richtig betonen:

dúrch die Bánk

– und nicht, was im schriflichen Text zunächst auch möglich erscheint:

durch die Bánk.

Auf den gleichen Unterschied zwischen schriftlichem Text und mündlicher Wiedergabe treffen wir in folgendem Inserat einer Firma, die Lautsprecher baut:

Es gibt weniger teure Lautsprecher.
Es gibt auch weniger schnelle Autos und
weniger blonde Frauen.

Schön ausgeklügelt und pointiert ist der Text. Doch auch er erfüllt überhaupt nicht die ihm zugedachte Funktion: den Leser unmißverständlich und auf Anhieb über das angebotene Produkt zu informieren.
»Gibt es weniger Lautsprecher, die teuer sind?« fragt sich der verwirrte Leser, »auch weniger Flitzer und blonde Frauen?« Natürlich nicht, sagt er sich nach kurzem Überlegen: »Es gibt billigere Lautsprecher, langsamere Autos, und Frauen, die weniger blond sind.«

Ein Sprecher im Rundfunk oder Fernsehen würde auch diesen Text eindeutig sprechen:

wéniger teure
wéniger schnelle
wéniger blonde

– und nicht:

wéniger téure
wéniger schnélle
wéniger blónde.

Den für eine Weltfirma wie Canon bastelnden Textern fällt manchmal nichts Besseres ein als:

Kopierer fallen nur dann auf, wenn sie kaputt sind. Von daher bleiben wir lieber weiter unauffällig.

Auch hier wird eine hübsche Idee sprachlich unbefriedigend verwirklicht. Die Anknüpfung »von daher« ist schwammig und umständlich. Die Texter haben es nicht geschafft, dem Leser die Logik und den Witz ihres eigenen Slogans deutlich zu vermitteln. Ein klassischer »Syllogismus«, wie die Logiker sagen, liegt hier nämlich vor:

1. Satz: Alle kaputten Kopierer sind auffällig.
2. Satz: Unsere Kopierer sind nie kaputt.
Folgerung: Unsere Kopierer sind nie auffällig.

Wie manch anderer Sprachwitz entsteht auch der vorliegende durch Aussparen des zweiten syllogistischen Satzes. Der Werbetext sollte also besser lauten:

Nur kaputte Kopierer fallen auf.
Unsere sind unauffällig.

Schließlich noch eine typische Unklarheit, die von den Textern jedoch lediglich als Zitat weitergereicht wird: Sprachlicher Hehlerei machen sich diese schuldig. Dieser Werbetext für DIE ZEIT machte ausgerechnet mit folgender Schlagzeile auf:

Heiner Geißler spricht Klartext

Darauf folgte ein Zitat aus einem Gespräch mit dem Politiker:

»Ich möchte in keinem nationalistischen Deutschland leben... Wer seinen Hund liebt, muß nicht auch seine Flöhe lieben.«

Ein schönes Bild – ein falscher Satz, der von den begeisterten Journalisten damals unbesehen immer wieder nachgedruckt wurde. Hier ist die Rede von einem, der seinen (eigenen) Hund liebt, nicht aber seine (eigenen) Flöhe. Gemeint ist natürlich etwas anderes – wie sooft, wenn ein Politiker redet:

Wer seinen Hund liebt, muß nicht
auch dessen Flöhe lieben.

Zu den alltäglichen Modewörtern, die auch in der Werbung auftauchen, gehört vor allem das »Standbein«. Mit keiner bildlichen Umschreibung wird soviel Schindluder getrieben wie mit dieser. Ich gebe einige Beispiele – nach dem Ausmaß der Absurdität angeordnet.

Augenzwinkernd harmlos wird in der Werbung einer Immobilienfirma gefragt:

Wie wär's mit einem
sicheren Standbein?

Anatomisch schon bedenklicher ist die Vermutung eines anderen Unternehmens:

Es ist sicher von Vorteil, in Zukunft
ein zweites Bein in der Schweiz zu haben.

Unternehmer verkauft aus Altersgründen seine private Anlage-Aktiengesellschaft mit u.a. erstklassigem Immobilienbesitz in Zürich und Zug. Für den Investor eine der sichersten und wertstabilsten Anlagen, nebst hohen steuerlichen Vorteilen. Kapitalbedarf DM 3 Mio.

Den Vogel schießt ein Informationsdienst ab, der seinen Lesern eine wertvolle Anleitung zum Aufbau eines zweiten Beins liefert:

2. Bein für Unternehmer

Mit einem Vertriebskonzept, das er in der... las, baute sich Unternehmer Johann P. ein zweites Bein auf. Eine sichere

Existenz hatte der 58jährige bereits. Doch er wollte noch mehr erreichen. »Der Erfolg übertraf selbst unsere optimistischsten Erwartungen«, freut sich P. Kein Wunder, denn sein »zweites Bein« brachte ihm bereits im 1. Geschäftsjahr 1 Million DM Umsatz, wovon rund 10 Prozent Gewinn verblieben.

Vielleicht noch nützlicher ist das folgende Angebot – für jene zerstreuten Zeitgenossen gedacht, die ihr zweites Bein suchen:

Suchen Sie eine gute Existenz? Oder ein 2. Bein?
Ob als Angestellter im Außendienst oder als selbständiger Partner, wir bieten Ihnen eine lukrative Tätigkeit, die auch Freude bereitet; einen Markt mit hohen dauerhaften Steigerungsraten. Als Partner eröffnen Sie mit uns Ihre eigene Ehe- u. Partnervermittlung! Wir zeigen Ihnen, wie Sie ohne hohen Kapitalaufwand und mit geringen Risiken auch als Branchenfremder von Anfang an ein überdurchschnittliches Einkommen erzielen!

Auffälligstes Merkmal heutiger Werbe-Syntax ist der – von Ludwig Reiners so genannte – »Asthmastil«: eine karikaturenhafte Übertreibung syntaktischer Kürze. In dieser Beziehung verwendet die Werbung nicht nur Modisches, sondern treibt es auf die Spitze.

Auch hier ist ein Textvergleich nützlich: Zwei Unternehmen bieten die gleiche Dienstleistung auf syntaktisch sehr unterschiedliche Weise an. Das eine offeriert eine »Promotionsberatung« in (für die heutige Zeit) anspruchsvoll gebauten Sätzen, die offenbar Seriosität signalisieren sollen:

Promotionsberatung

Unsere guten Verbindungen zu den Universitäten im gesamten deutschen Sprachraum ermöglicht es uns, Hochschulabsolventen aller Richtungen den Weg zum Erwerb des Doktorgrades zu eröffnen.

Wir beraten, wir vermitteln Doktorväter, und wir gewähren Beistand zur Graduierung über Evaluation, Validation, Examen bzw. Dissertation.

Bedächtig und umständlich wird angeboten, »den Weg zum Erwerb des Doktorgrades zu eröffnen«. Fast wie ein Seelsorger sprechend, will der Verfasser »Beistand gewähren«. Daß im ersten Satz die Kongruenz von Subjekt und Prädikat nicht stimmt, sei nur am Rand vermerkt: »ermöglichen« muß es heißen. Anscheinend überfordern solche mittelschweren Konstruktionen heute bereits manchen Satzbauer.

Ganz anders formuliert die Konkurrenz: dem Zeitgeist entsprechend aggressiv. Ohne viel Federlesens kommt der Autor in Minisätzen gleich zur Sache:

Zukunft sichern!

Extern (berufsbegleitend) promovieren

HOLEN SIE IHREN DOKTOR NACH

Seriöse Promotionsberatung seit Jahren. Repetitor aller Fakultäten.

Ihr Experte für Problemfälle, bekannt durch Funk, Presse, Fernsehen.

Unsere Kandidaten müssen alle Voraussetzungen haben. Ich möchte alle deutschen Universitäten ansprechen.

Arbeite nur mit deutschen Universitäten zusammen. Erstelle jede wissenschaftliche Arbeit. Mein Bestreben, unseriösen Titelhandel zu unterbinden.

FH-Absolventen kein Problem.

Dieser hektische, extrem elliptische Stil soll dem Leser zupackende Dynamik suggerieren und die schnelle Erfüllung seines Promotionstraums andeuten. Dieser Text richtet sich wohl an Manager und ähnlich geschäftige Leute, für die Zeit eben Geld ist.

Dieselbe Zielgruppe wird im folgenden Werbetext der Lufthansa anvisiert und in einem ähnlichen Asthmastil angesprochen:

Abflughalle für alle, Lounge für Sie.

Gerade landet Ihr Anschlußflug.

Pünktlich. Sie sitzen in einer

unserer Lounges, entspannen und

lesen und nutzen die Zeit zum

Denken. Weil Sie den Ort dazu haben.

Und die Lufthansa AirPlus Karte.

Hier jedoch wird wesentlich subtiler formuliert als im vorigen Beispiel. Der Autor spielt geschickt die stilistische Wirkung kurzer und längerer Sätze gegeneinander aus:
– Hektik zu Anfang / entsprechend kurze Sätze:
Abflughalle für alle, Lounge für Sie.
Gerade landet Ihr Anschlußflug.
Pünktlich.
– Wohltuende Ruhe im Kontrast dazu / entsprechend langer, parataktisch beruhigter Satz:
Sie sitzen in einer unserer Lounges, entspannen und lesen und nutzen die Zeit zum Denken.

Wie Sie sehen, liebe L...., können auch die vielgeschmähten Asthmasätze durchaus sinnvoll in einem Text verwendet werden. Man sollte sie nicht pauschal verurteilen, sondern von Fall zu Fall über ihre Verwendung entscheiden.

Generalamnestie sollten ohnehin jene Sätze erhalten, die ihr Asthma nur simulieren. Ich meine Texte, die nur scheinbar aus mehreren Zwergsätzen bestehen, in Wirklichkeit aber lediglich durch Punkte daran gehindert werden, einen zusammenhängenden Satz zu bilden:

Warsteiner. Eines der besten Biere unserer Zeit.
Für Sie. Aus Deutschland.

Eigentlich unterschätzen die Texter hier den Leser: Sie trauen ihm die grammatische Entzifferung eines Satzes nicht zu. Die Punkte markieren nicht mehr – wie bisher allein üblich – das Ende eines Satzes, sondern eines Teilsatzes. Heute ist der Punkt eher ein Pausenzeichen, das dem Leser hilft, den Satz zu gliedern. In der traditionellen Zeichensetzung würde der obige Werbeslogan etwa so aussehen:

Warsteiner – eines der besten Biere unserer Zeit: für Sie – aus Deutschland.

Ähnliches ist im Reich der Schnäpse zu beobachten:

Ein Mann. Ein Wort. Fürst Bismarck. Der Wahre. Der Klare.

Auch diesen Text kann man nicht als eine kurzatmige Folge von fünf Sätzchen deuten. In Wirklichkeit handelt es sich um zwei sparsam formulierte Ellipsen:

Ein Mann – ein Wort: Fürst Bismarck, der Wahre, der Klare.

Solches Schein-Asthma wird in meinen letzten beiden Beispielen noch deutlicher, der Funktionswandel des Punktes noch klarer:

Am Ende der Welt zählt Lufthansa AirPlus
doppelt. Sie kommen weit herum. Sie
brauchen eine Karte, die überall akzeptiert
wird. Sie brauchen zwei. Die **EUROCARD**
und die **VISA**. Von der **Lufthansa AirPlus.**
Mit unserer neuesten Idee, dem Kartenduo,
kommen Sie weit. Verdammt weit.

Hier verliert die Syntax nach Punkten. Dem Leser werden fünf Sätzchen vorgegaukelt, die in Wirklichkeit zwei Sätze sind:

Sie brauchen zwei: die EUROCARD und die VISA von der Lufthansa AirPlus. Mit unserer neuesten Idee, dem Kartenduo, kommen Sie weit – verdammt weit.

Ein letztes Beispiel, das die Punktiersucht der heutigen Werbetexter zeigt:

18.+19. März 1994

Wir feiern Eröffnung.

Mit Ihnen.

Aufregenden Gewinnen.

Den schönsten

Einrichtungsideen.

Sie haben es längst begriffen, liebe L....: Die sprachliche Schönheit dieses Werbetextes entfaltet sich vor Ihnen nur scheinbar in vier Sätzen. In Wirklichkeit haben Sie es mit einem Satz zu tun. Den können Sie so schreiben:

Wir feiern Eröffnung – mit Ihnen, aufregenden Gewinnen, den schönsten Einrichtungsideen.

Oder so:

Wir feiern Eröffnung: mit Ihnen, aufregenden Gewinnen, den schönsten Einrichtungsideen.

Wenn Sie sich für die erste Version entscheiden, empfehle ich Ihnen Adornos Beschreibung der Gedankenstriche als »freundliche Geister, von deren körperloser Gegenwart der Sprachleib zehrt«. Entscheiden Sie sich für den Doppelpunkt, haben Sie ein Satzzeichen gewählt, das, mit den Worten des Sprachkritikers Karl Kraus, alles verschlingend »den Mund aufsperrt«.

Beide Zeichen sind dienstbare Geister und allemal angenehmer als der Punkt, der etwas Endgültiges an sich hat – Punktum! – und im Englischen »full stop« heißt, weil er das endgültige Aus für den Satz bedeutet.

Und nun zu den Anglizismen. Deren Häufigkeit in der Werbung spiegelt ihre allgemeine Beliebtheit im heutigen Deutsch wider. Mehr noch: Wohl in keiner anderen Textart wird so viel Englisches verwendet wie in Werbetexten, besonders im Bereich der Mode.

Da fällt es manchem Sprachbetrachter schwer, einen kühlen Kopf zu behalten – »cool« zu bleiben – und sich nicht verängstigt oder verärgert ins Lager der Sprachwächter zu flüchten. Diese lamentieren ja, zum Teil in Vereinen organisiert, seit langem über das Elend der »Fremdwörterei« – auch in der Werbung. So äußert sich etwa der »Bund für deutsche Schrift und Sprache« mit der Besorgtheit eines Arztes:

> Wie eine Seuche greift nun schon seit Jahrzehnten die Fremdwortsucht um sich. Bundesbahn und Bundespost führen laufend neue Fremd- und Dummwörter ein. Gesetz- und Verordnungsgeber tragen ebenso zur Sprachverwilderung bei wie Funk, Fernsehen, Zeitungsverleger und verantwortungslose Pädagogen. Geradezu ein Tummelplatz des Sprachmißbrauchs ist die Werbung.

Begeben wir uns also auf diesen Tummelplatz, der manchmal zu einem Rummelplatz wird – einem Platz, auf dem bekanntlich Jahrmärkte (auch der Eitelkeit) stattfinden. Entnehmen wir zunächst dem Bereich der Dienstleistungen einige Stichproben.

Die Lufthansa bietet ihren Kunden verbesserte Leistungen ihres »Service-Pakets«:

Neu. Nach Lean Production und
Total Quality Management jetzt
Full Service Mentality.

Dies ist Kauderwelsch – und dazu noch röchelnd vorgetragen. Der Text enthält doppelt so viele englische Wörter wie deutsche und ist einem Engländer oder Amerikaner eher verständlich als einem Deutschen. Bei aller Liebe zum Englischen – auf solche Werbetexte können wir verzichten.

Im Vergleich dazu ist ja der Werbeslogan für die Weltmesse der Schweißtechnik noch »gold«, wie man mit einer Romanfigur Walter Kempowskis sagen möchte:

UPDATE FÜR IHR KNOW-HOW

Die wichtigsten Wörter dieses Textes sind zwar ebenfalls englisch – doch handelt es sich um verständliche, nützliche Fremdlinge. Auf »Know-how« sollten wir nicht verzichten. Oder wollen Sie statt seiner einen Satz verwenden: »Wissen um die praktische Verwirklichung einer Sache« (Duden)?

Und ist es Ihnen angenehmer, daß Ihre Kenntnisse »up to date« sind – oder »auf dem neuesten Stand«? Ein neueres »update« kommt da nicht ungelegen: Es liefert uns das noch fehlende Substantiv und Verb. Stellen Sie sich den Werbeslogan einmal rein deutsch vor:

DER NEUESTE STAND
FÜR IHR FACHWISSEN

– ein schlechter, weil unklarer Text. Oder wie gefällt Ihnen:

IHR FACHWISSEN – AUF DEN
NEUESTEN STAND GEBRACHT

Dies ist klar, aber umständlich. In diesem Fall behalten wir doch lieber den deutsch-englischen Text.

Versuchen Sie einmal selbst, das Kauderwelsch des folgenden Slogans in ein verständliches Deutsch zu übersetzen. Die Norddeutsche Landesbank lockt:

MIT UNSEREM DTB-KNOW-HOW
SIND SIE BEI UPS UND DOWNS
BESTENS GERÜSTET.

Verstehen Sie's? Was verbirgt sich hinter dem »DTB«? Der Deutsche Tennis-Bund? Ich übertrage dieses Fachchinesisch so

ins Deutsche: »Mit unserer Erfahrung an der Deutschen Termin-Börse sind Sie für jedes Auf und Ab gerüstet.«
Oft bestehen die Werbeanzeigen nicht nur aus kurzen Slogans, sondern lassen einen mehr oder weniger langen Text folgen. Auch in diesem wimmelt es meist von Anglizismen. Das folgende Beispiel gehört noch zu den harmlosesten seiner Art:

MIT FRANCHISING
UND OUTSOURCING
AUS DER KOSTENSPIRALE.

In der Kostenklemme erkennen die Unternehmen die professionelle Vermarktung des eigenen Know-hows und den Trend zu kleinen, schlagkräftigen Einheiten als Ausweg aus der Krise. Franchising verzeichnete in den letzten drei Jahren einen regelrechten Boom. Outsourcing, also die Auslagerung von Leistungen, spart erhebliche Kosten für Investitionen und Personal und erhöht somit die flexible Anpassung an den Markt

Hier erklären die Texter die selteneren Fremdwörter des Slogans dankenswerterweise selbst. Die restlichen Anglizismen sind längst eingeführt und bedürfen keiner Erklärung: »Know-how«, »Trend«, »Boom«.
Wie schon »Know-how« und »up to date« sind uns übrigens auch die griffigen Wörter »Trend« und »Boom« willkommen: Sie ersparen uns die umständliche »Grundrichtung einer Entwicklung« und den »Wirtschaftsaufschwung«.
Die Rätselhaftigkeit eines Werbetexts kann man dadurch steigern, daß man englische und erlesene lateinische Fremdwörter nebeneinander verwendet und zu einem buntscheckigen Flickenteppich zusammenschustert. Der scheußlichste derartige Text, den ich kenne, lautet so:

> **TRAIN THE COACH**
> Fortbildung 1995.
>
> **Inhalt:** Kommunikationstechniken nach Watzlawick u.a.; Persönlichkeitsmodelle nach Lowen, Berne u.a.; Infragestellung des monokausalen, logisch-affektiven und logisch-analytischen Denkens; Körperansatz: Bioenergetik, Body-Awareness u.a.
>
> **Ziel:** Die Integration des Körpers in den Beratungsprozeß als Option zu einem Quantensprung in effektives und professionelles Coachen zur beruflichen Etablierung und Sicherung von Coaches, Beratern, Managern und Trainern.

Ich weigere mich, diesen Text zu reparieren. Wahrscheinlich ist er ohnehin irreparabel.

Vom Berufsleben springen wir in die Freizeit – kein großer Sprung, da wir ja sowieso in einem »kollektiven Freizeitpark« leben. Auch dieser Bereich der Werbung bleibt nicht von der englischen Flut verschont – weder im Winter noch im Sommer.

Im Winter bieten »Snowboardschulen« ihre Dienste an. Dies kann sprachlich dann so aussehen:

SNOWBOARDSCHULE

Mit dem Snowboard-Shuttle-Service zur Sonnenkopfbahn am Arlberg!

Gönnt Euch ein spitzes Wochenende in der »weißen Arena« im Sonnenkopfgebiet.

Unter der Leitung von DSDV-Snowboard-Instructor Gerhard Bühn werden Snowboardkurse und Snowboard-Freestyle-Training (Pistenfreestyle und Halfpipe) für Anfänger und Fortgeschrittene durchgeführt.

Preise:

- ***Pauschalpreis pro Person DM 279,–***
- ***Snowboardkurs für Anfänger (8h) DM 90,–***
- ***Freestyle-Training (8h) DM 80,–***

COME ON, CHECK IT OUT!!!

Wenn es nach dem Willen der Texter geht, fahren die »Snowboard-Schüler« mit einem »Shuttle-Service« zum Sonnenhof, werden dort von einem »Instructor« trainiert: im »Pistenfreestyle« und »Halfpipe«. Dies alles unter dem »spitzen« Motto: »Come on, check it out!!!«
Why not? I've never tried snowboarding, but I'll try it – the offer sounds very reasonable – sorry, liebe L...., da ist mir doch die deutsche Sprache weggeblieben. Dies kann einem sensiblen Leser auch zur Sommerzeit passieren – sorry, zur »Sommer-Time«:

Dem Freund der »Lighttime« wird hier ein »Fitness-Check« angeboten – unverbindlich und in einem schauderhaften Satz, der richtig lauten müßte:

> **Dem voraus geht ein Fitness-Check, der als Grundlage für Ihr zukünftiges Training dient.**

Auch für die Freizeit unserer Kleinen wird in der Werbung rührend gesorgt. Die »Kids« werden sogar direkt angesprochen:

Grundkenntnisse des Englischen werden, wie man sieht, bei den Kids vorausgesetzt. Manchmal jedoch ertappt man die Texter bei einem Rückfall in die deutsche Sprache. Dann schmuggeln sie ein mageres »für« in die Schlagzeile und übersetzen obendrein noch »Kids« durch »Kinder«:

Diese wankelmütigen Texter sollten sich schämen und jenen Kollegen nacheifern, die den Kids konsequent jegliches deutsche Wort vorenthalten:

»Was ist, wenn eine Generation aufwächst mit dieser Sprache?« fragte unlängst die kluge Hildegard Knef in einem Interview. »Mit der Sprache geraten ja auch die Menschen ins Rutschen.«

Vielleicht auch die Tiere – meint Marunde:

Wolf Rüdiger Marunde

Auch in der Werbung für Produkte grassiert der Anglokokkus – eine mit dem bloßen Auge wahrnehmbare Bakterie, die ganze Teile des deutschen Sprachzentrums lahmlegen kann. In allen Bereichen des täglichen Lebens treffen wir ihn an. Im Auto, im Büro, zu Hause, während der Arbeit oder in der Freizeit befällt er den ahnungslosen Sprachbenutzer. Ich kann Ihnen hier nur wenige Beispiel für seine Allgegenwart in der Werbung geben.

Eine schwedische Autofirma verspricht Sicherheit und günstige Finanzierung:

BODYGUARDS
werden cool finanziert!
2,9%
effektiver Jahreszins
36 Monate Laufzeit
25 % Anzahlung
Ein Angebot der
Volvo Hausbank
VOLVO

Ist der »cool« finanzierte »Bodyguard« wirklich nötig? Wohl kaum. Ein deutschsprachiges Angebot wäre nicht umständlicher:

LEIBWÄCHTER
auch für Sie erschwinglich!

Oder etwa:

LEIBWÄCHTER
können auch Sie sich leisten!

Auch bei der Firma Audi schlägt der Anglokokkus erbarmungslos zu:

Neu: Audi Cabrio
sunset edition.
First-class-Vergnügen zu
Business-Konditionen.

Nehmen Sie ein englisch-deutsches Wörterbuch zur Hand – Sie besitzen doch wohl eins – und schlagen Sie bitte selber die Wörter nach, die Sie vielleicht nicht kennen.

Oft arbeitet sich der Anglokokkus zielstrebig von der Schlagzeile zum eigentlichen Werbetext vor. Drei Proben mögen solch einen Befall dokumentieren. Der Erreger hat übrigens besonders leichtes Spiel, wenn er auf Sätze trifft, die bereits durch Keuchhusten oder Asthma vorgeschädigt sind:

Der neue Nissan Terrano II

Born to be free.

Gegen den Strom schwimmen. Eigene Ziele verfolgen. Der Terrano II gibt Ihnen diese Freiheit. Er bietet echte Off-Road-Tauglichkeit, kombiniert mit On-Road-Komfort. Dazu hohe Eleganz von außen.

Besonders eindrucksvoll sind die »Off-Road-Tauglichkeit« und der »On-Road-Komfort« dieses Modells. Früher waren solche Autos »geländegängig« und boten »Fahrkomfort«. Doch diese Zeiten sind anscheinend vorbei.

Auch dem guten alten »Fahrersitz« schlägt vielleicht das letzte Stündlein. Er wird bereits von einem »Captain's Seat« bedrängt, wie man aus einer Opel-Anzeige ablesen kann:

Als Fahrer bestimmen Sie bequem im »Captain's Seat« über ein starkes Motormanagement.

Mit perverser Folgerichtigkeit müßte der Fahrer durch den »Motormanager« ersetzt werden.

Doch die Schlagzeilen mancher Inserate sind (trotz englischer Dominanz) sprachlich gelungen:

TRANS SPORT.
MEHR SCIENCE ALS FICTION.

Ein witziges Wortspiel – leider nur für Leser mit beträchtlichen Englischkenntnissen.

Hoffentlich ohne die »Off-Road-Tauglichkeit« seines Autos testen zu müssen, erreicht der arbeitswillige Bürger seine Arbeitsstätte – ein Büro beispielsweise. In diesem »fühlt er sich wie zu Hause«, denn es ist ja zeitgemäß ausgestattet, wie ein Möbelhersteller versichert. In englischer Sprache natürlich:

FEEL AT HOME AT THE OFFICE
THE OFFICE OF OUR TIMES

Wie aus dem Foto hervorgeht, telefoniert der – mehr oder weniger – leitende Angestellte auf überraschend unzeitgemäße

Weise: In seinem »office of our times« hat das schnurlose oder gar Funk-Telefon noch nicht Einzug gehalten. Wir liefern es nach und stellen folgende Modelle zur Auswahl – das »leichte«:

Neu: Handy light

– oder das »sportliche«:

Handy *sportive*

Egal, für welches Modell sich unser Sachbearbeiter entscheidet: stets ist es ein »Handy«. Und wenn er zwischendurch etwas kopieren muß, verläßt er sich auf die

Colours unlimited

Inzwischen hat seine treusorgende Gattin zu Hause eine Empfehlung der Firma Siemens befolgt:

Wash and dry and pull over.
In 90 min.

Dies versetzt sie in die Lage, ihrem mittlerweile heimgekehrten Gatten in frisch gewaschenem Pullover (sowie Jeans natürlich) gegenüberzutreten. Dank der »Kraft-Scheibletten-Hot-Line« kann sie ihm – keinen verbrannten, nein – einen »brandaktuellen« Toast servieren.
Beide machen es sich vor dem »Loewe Super-Flatline« bequem. Den haben sie sich vor kurzem gekauft, eingedenk des Firmen-Slogans:

THINK **LOEWE.**

Da ihnen heute trotz heftigen »Zappens« keines der Fernsehprogramme zusagt, entschließen sie sich zum Videospielen. Aus den »Light-Preis«-Angeboten der HÖRZU-»Software« wählen sie in der Sparte »Entertainment« das Programm »Fun Family« mit dem »Chart-Breaker PINBALL DREAMS«:

Und wenn sie nicht gestorben sind, dann spielen sie's noch heute ...

Jetzt vermuten Sie, ich hätte vor lauter Fernsehen und Videos die Mode – Fashion – vergessen? Keineswegs: Die ist ein kleines Kapitel für sich.

Doch vorher erlaube ich mir, Sie zu einem kurzen Ausflug in das Reich der Zeichensetzung einzuladen. Ein solcher Exkurs drängt sich förmlich auf, nachdem in diesem Kapitel bereits über die Punktierungssucht berichtet wurde.

14. Punkt, Komma, Strich: Anmerkungen zu einigen Satzzeichen

Von den Regeln der Interpunktion soll hier nicht die Rede sein, sondern von einigen Satzzeichen, die einen Text deutlicher gliedern und sein Verständnis erleichtern. Genauer: Ich sage Ihnen nicht, wo Sie etwa ein Komma setzen müssen (solches Wissen hat mit Stil nichts zu tun), sondern wo Sie etwa einen Gedankenstrich setzen sollten (dies gehört zur Stilistik).

Beginnen wir mit dem letztgenannten – einem nützlichen Zeichen, auch wenn Goethe nicht viel von ihm gehalten hat: »Ich mache nicht gern Gedankenstriche.« Dieser ganz besondere Strich kann mehr, als sich unsere Schulweisheit träumen läßt. Nehmen wir ein Beispiel aus der *Frankfurter Allgemeinen Zeitung*:

> **Die italienische Küche hat einen großen Nachteil. Sie ist einfach zu gut und schon einfach – zu gut.**

Ohne Gedankenstrich wäre der zweite Satz nicht verständlich und das in ihm enthaltene Wortspiel nicht möglich. Hier soll der Gedankenstrich mehr andeuten als nur eine Pause. Er hilft, Worte einzusparen: Er hat die Funktion einer Ellipse.

Der auf das Zitat folgende Satz jenes Zeitungsartikels zeigt dann aber, daß derselbe Autor die Satzzeichen ungeschickt verwendet:

> **Was gibt es Simpleres, was zugleich gut schmeckt, als auf einen Pizza-Teig, kreisrund in der Form, zu werfen, was man gerade im Kühlschrank hat, Käse und ein paar Scheiben Wurst, oder auf die Pfanne, was man eben beim Fleischer erstanden hat?**

Der Verfasser haut hier seinen eigenen Satz in – nicht »auf«, wie er sagt – die Pfanne. Ohne Rücksicht auf den Leser reiht er ein Komma ans andere und vernachlässigt so die optische Gliederung dieses nicht gerade eindrucksvollen Satzes. Den könnte man so leichter lesbar machen:

Was gibt es Simpleres, was ergibt zugleich gut Schmeckendes, als auf einen Pizza-Teig (kreisrund in der Form) zu werfen, was man gerade im Kühlschrank hat: Käse und ein paar Scheiben Wurst – oder in die Pfanne, was man eben beim Fleischer erstanden hat?

Klammern, Doppelpunkt und Gedankenstrich erhöhen hier die Verständlichkeit. Diese leidet auch im folgenden Beispiel (aus dem SPIEGEL) unter der gedankenlosen Verwendung der Satzzeichen:

Kein Anruf, kein Brief, kein Treffen, eineinhalb Jahre lang hörte Axel Meyer-Wölden nichts von Boris Becker.

Das nach »Treffen« gezogene Resümee wird durch ein gleichmacherisches Komma nicht angekündigt. Ein Gedankenstrich oder Doppelpunkt würde die Struktur dieses Satzes rascher erkennen lassen:

Kein Anruf, kein Brief, kein Treffen – eineinhalb Jahre lang hörte Axel Meyer-Wölden nichts von Boris Becker.

Ganz ähnlich das folgende Beispiel aus der WOCHE. Hier wird der Leser sogar irregeführt:

Ob 25000 Dollar-pro-Tag-Fotografen, Modedesigner oder Werbeagenturen, die Lieferanten des schönen Scheins – – –

– man glaubt, das viergliedrige Subjekt eines Satzes zu erkennen. Falsch: »Die Lieferanten« sind Subjekt eines anderen Satzes, der so fortgeführt wird:

– – – haben den Charme von Falten und weißem Haar entdeckt.

Das Ganze von vorn – nun mit dem hier erforderlichen Bindestrich:

Ob 25000 Dollar-pro-Tag-Fotografen, Modedesigner oder Werbeagenturen – die Lieferanten des schönen Scheins haben den Charme von Falten und weißem Haar entdeckt.

Durch die Pausenwirkung eines Gedankenstrichs kann man das vorher Gesagte abschwächen oder in der Schwebe lassen. Solch eine Gelegenheit läßt sich mancher Autor entgehen. In der WOCHE war kürzlich zu lesen:

Tatlin ist zu entdecken, fraglich ist allerdings, ob die Düsseldorfer Retrospektive diese Entdeckung optimal fördert.

Meine freundliche Empfehlung an den Autor:

Tatlin ist zu entdecken – fraglich ist allerdings, ob ...

Über dem Gedankenstrich wollen wir die segensreiche Wirkung des Doppelpunktes nicht vergessen. Viele Texte würden klarer, wenn ihre Verfasser dies beherzigt hätten. Die WOCHENPOST berichtete über den neuen Katechismus:

Man muß nicht wissen, daß er einen beispiellosen pluralistischen Prozeß durchlaufen, 5000 Änderungsvorschläge (von insgesamt 24000) aus aller Welt aufgenommen und mindestens neun Endversionen erlebt hat, um zu spüren, daß hier eines ganz gewiß nicht entstanden ist, ein Folterwerkzeug für unbotmäßige Schafe.

Hier erfordert die Ankündigung im letzten Nebensatz zwingend einen Doppelpunkt vor deren Erfüllung – vor »ein Folterwerkzeug«:

... daß hier eines ganz gewiß nicht entstanden ist: ein Folterwerkzeug ...

Ähnlich wirkungslos verpufft die Ergänzung eines Folgesatzes in einem Beispiel, das ich in der *Süddeutschen Zeitung* fand:

Das Vorurteil gegen Schulsport ... Es ist inzwischen widerlegt, wer Lust hat, kann Untersuchungsberichte ... wälzen

Also, bitte schön, ein Doppelpunkt nach »widerlegt«! Und auch vor Aufzählungen erleichtert dieser uns das Lesen:

Zu viert fliegen sie die neun Jahre alte Tupolew-154, Kasinetz, sein Kopilot, der Bordingenieur und der Navigator.

In diesem Text, der ZEIT entnommen, vermissen wir den Doppelpunkt: Vor Kasinetz, den Piloten, gehört er hin.
Am Ende unseres kurzen Ausflugs wollen wir, liebe L...., einen Satz besichtigen, dessen umständliche Konstruktion durch schlampige Zeichensetzung noch schwerer verständlich wird. In der *Rhein-Neckar-Zeitung* konnte man lesen:

> **Die Gefährlichkeit des Teufelstisches, einer aus etwa 110 Meter Tiefe in Ufernähe steil aufragenden Felsnadel besteht in der Versuchung, bei extremen Tauchbedingungen: Temperaturen nur wenige Grad über Null und geringe Sichtweite von höchstens einigen Metern, die für das Preßlufttauchen riskanten Tiefen zu überschreiten.**

Hier plädiere ich zur Abwechslung gegen den Doppelpunkt. Der Autor hätte die Temperaturen und die geringe Sichtweite einklammern und auf den Doppelpunkt verzichten sollen – er hätte einen annehmbaren Satz produziert:

> **Die Gefährlichkeit des Teufelstisches... besteht in der Versuchung, bei extremen Tauchbedingungen (Temperaturen nur wenige Grad über Null und geringe Sichtweite...) die für das Preßlufttauchen riskanten Tiefen zu überschreiten.**

Und statt des unsinnigen »riskant« wäre »zulässig« empfehlenswert gewesen.

15. »Sportswear«
Modische Modesprache

Ein symbolträchtiger Vorgang: Das englische »fashion« konkurriert heute heftig mit dem französischen »mode« – in der deutschen Sprache wohlgemerkt. Gemeint ist hier »die als zeitgemäß geltende Art, sich zu kleiden«, wie der Duden trefflich definiert.

In Modefragen verließen sich die Deutschen früher auf die Franzosen, heute verlassen sich die Franzosen auf Karl Lagerfeld.

Auch sprachlich wurde die Mode in Deutschland von den Franzosen stark beeinflußt: Weste, Dessous, Krawatte, Foulard, Revers und viele andere Fachausdrücke haben uns die französischen Nachbarn geliefert.

Diese Epoche modischer *gloire* geht zu Ende: *Vogue* spricht man jetzt eher englisch aus. Ähnliches gilt übrigens für den erotischen Bereich: Ich habe meine Zweifel, ob im Deutschen das Rendezvous dem Date standhalten wird. Den »flirt« haben selbst die Franzosen schon übernommen, die ja (zu Recht oder Unrecht) als Experten in amourösen Dingen gelten.

In der Modewerbung finden wir den Reflex der neuesten Produkte – und mit ihnen der neuesten Benennungen. Werfen wir einen Blick auf diese Texte, die meist kürzer sind als jene in den anderen Bereichen der Werbung: Hier sind Fotos wichtiger als Worte. Diese Kurztexte erfüllen fast immer die Funktion einer Bildbeschreibung. Selten bietet sich den Modewerbern Gelegenheit, originelle und witzige Texte auszutüfteln, wie es ihre Kollegen in anderen Bereichen der Werbung tun. Ich werde daher Ihren Blick vor allem auf die Wortwahl lenken – und weniger häufig auf die Syntax.

Beginnen wir mit der modischen Bekleidung für unseren Nachwuchs, der ja im Deutschen längst englisch benannt wird: Babies, Kids, Teenies, Twens. Da gibt es einen

BABY-MARKT

mit verlockenden Angeboten von – nicht, wie man annehmen könnte – entzückenden, adoptierbaren Babies: nein, von Bekleidung für Babies.

In diesem sprachlichen Gemischtwarenladen sollen die Mütter für ihre lieben Kleinen einkaufen: »Shorties«, »Jogging-Anzüge«, erstaunlicherweise aber auch deutsche »Schlafanzüge« und »Nicki-Strampler«. (Den Muttis dagegen werden in einem anderen Prospekt »Sleepshirts« angeboten – Kleidungsstücke, die übrigens im Englischen anders benannt werden.) Ihren Sprößling kann die kaufwillige Mutter dann in einem ebenfalls angebotenen »Buggy« nach Hause fahren. Wie Sie sehen, werden unsere Babies von der Wiege an vorbildlich in englischer Sprache betreut.

Der Ernst des Lebens beginnt, wie wir uns alle schmerzlich erinnern, mit der Schule. Dieses Unbehagen können die Schulferien nur vorübergehend lindern, auch wenn diese noch so lang sind. Denn nach deren Ende heißt es unerbittlich – in englischer Sprache natürlich:

back to school

Wir betreten damit die Welt der Kids – auch in modischer Hinsicht, wie wir demselben Inserat entnehmen können:

KID'S WORLD
... WO MODE SO WENIG KOSTET

Das Angebot für das neue »C&A-Outfit« ist reichhaltig:
Sweatshirt, Coloured Denim-Jeans, Jeansweste, Baseballmütze.

Zugegeben: Die meisten englischen Bezeichnungen sind kaum übersetzbar. Wir werden wohl oder übel mit »Jeans« und »Sweatshirts« leben müssen. Doch auf die englischen Slogans können wir gern verzichten. Können wir's wirklich? Sicher ist die Verlockung groß, englische Sprüche zu klopfen: Diese sind fast immer knapper und griffiger als die deutschen. Ziehen Sie »Schule hat begonnen« dem »back to school« vor – oder »Kinderwelt« der »Kid's World«?
Darüber sollen sich die Werbetexter den Kopf zerbrechen. Jedenfalls könnten sie sorgsamer mit dem Deutschen und sparsamer mit dem Englischen umgehen. Wie ein solcher Kompromiß erreichbar ist, sei an einem mehrseitigen Prospekt gezeigt, der natürlich englisch betitelt ist:

HITS for KIDS

Dieser kurze, einprägsame, reimende Slogan ist nicht angemessen übersetzbar. »Modehits für Kinder« wäre umständlich, »Mode für Kinder« langweilig – und »Kindermode« hausbacken wie »Umstandsmode«.
Doch im Prospekt selbst könnte man einiges eindeutschen:
– »tintenblau« statt »over-blue«,
– »gebleicht« statt »gebleached«,
– »Jacke« statt »Jacket«,
– »Sweat mit Reißverschluß« statt »Zipper-Sweat«.
Ein anderer Prospekt richtet sich an

GIRLS & BOYS

Ist dies nötig? Sicher nicht: Wir haben ja noch »Mädchen« und »Jungen« – manchmal sogar »Kinder«. Letztere werden von den Textern dieses Prospekts verschämt im Untertitel nachgereicht:

Alles, was Kinder gerne im Frühjahr-Sommer anziehen!

In der Sprache der Modewerbung scheinen allmählich die deutschen Bezeichnungen für Länge, Kürze und Farben auszusterben. Solche unnötig englischen Ausdrücke sind etwa:

- Long-Jacket,
- Long-Weste,
- Long-T-Shirts,
- blue (als Steigerung: »blue-blue«),
- black (als Steigerung: »black-black«),
- green,
- white,
- mudbrown.

Doch ausgerechnet an der umständlichen, überflüssigen »Farbstellung« wird festgehalten – »Farbe« würde genügen.

Gleichfalls scheinen in der Modewerbung die Adjektive »weich« und »sportlich« vom Aussterben bedroht. Ein französisch-englischer »sportiver Look« wird angeboten. Und an die Stelle des deutschen »weich« treten ohne Grund das englische »soft« und die schwachsinnigen Neubildungen »softig« und »softweich«.

Inzwischen haben wir die Modewelt der Erwachsenen erreicht. Auch für diese wird geworben, daß die englischen Wort- und Satzfetzen nur so fliegen. Doch bevor wir diese auflesen, vergnügen wir uns an dem einsamen Beispiel humanistischer Bildung in einem Werbetext:

Hier wird Mode auf griechisch versprochen: »Eponym« soll sie sein. Sie brauchen, liebe L...., sich nicht zu genieren, wenn Sie nicht wissen, was dieses Wort bedeutet. Ich habe es für Sie nachgeschlagen. Das Eponym ist eine »Gattungsbezeichnung, die auf einen Personennamen zurückgeht, z. B. Zeppelin für Luftschiff« – und für welche Gattung steht »Armani«? Hier ist wohl so etwas wie »Marken-Mode« oder »Mode-Marken« gemeint. So vornehm und unverständlich kann Modewerbung sein.

Und nun zum Englischen. In einigen Inseraten wird (sinnvoll oder nicht) die Weltsprache für einen Slogan verwendet, das Deutsche jedoch für den darauffolgenden Text:

THE NEW TRENCHCOAT

Welchen sprachlichen Lustgewinn sich die Texter von »The New Trenchcoat« versprechen, ist mir schleierhaft. »Der Neue Trenchcoat« würde genügend englisches Flair vermitteln und auch besser zu dem deutschen Untertitel passen:

Männermode in Bewegung

bugatti

Ebenso fragwürdig ist der englische Slogan

The Best of BOSS
HUGO BOSS

»Das Beste von BOSS« wäre genauso griffig und würde genauso einprägsam alliterieren. Im Text des Prospekts wird der englische Slogan ohnehin deutsch umschrieben:

Hier das Beste aus unserer neuen Boss-Kollektion

Ähnlich angelegt sind die Werbetexte für eine besondere Kollektion des Bekleidungsgiganten C & A. Zu Anfang die Bezeichnung der Kollektion – englischsprachig natürlich:

Your Sixth Sense

Die Kunden wären mit »Ihr sechster Sinn« genauso gut bedient wie mit dem englischen Text. Darauf folgt ohnehin ein deutscher Satz, ausnahmsweise nicht asthmatisch, sondern in einer Syntax verfaßt, die offenbar den gehobenen Anspruch dieser Kollektion widerspiegeln soll:

Es ist überwältigend, während einer Reise einen Ort zu entdecken, an dem es den Bauherren vergangener Zeiten noch heute gelingt, die heitere, verspielte Stimmung des Sommers einzufangen.

In umgekehrter Reihenfolge funktioniert der englisch-deutsche Unsinn natürlich auch. Die Schlagzeile eines Prospekts ist erfreulich deutschfreundlich:

KOMBISPIEL
OHNE
GRENZEN

Doch der darauffolgende Text verfällt völlig unmotiviert ins Englische:

Classic never goes out of style: Ob mit V- oder Rundhals-Ausschnitt, ob mit Zopf- oder Zopfwaffel-Muster.

Und noch eine Variante, die von dem unzähmbaren Willen der Texter zeugt, Englisches (egal wo, egal wie) in ihrer Werbung unterzubringen: englischer Beginn – deutsche Mitte – englischer Schluß. Etwa so:

SOMETHING SPECIAL

Sie hat blaue Augen. Sie ist blond. Sie hat eine tolle Figur. Sie holt sich Silber im Weitsprung bei der Weltmeisterschaft. Das läßt sie noch besser aussehen. Susen Tiedtke, Puma World Team, trägt Puma Disc System: kurzer Dreh – hoch hinaus. TURN IT ON.

Schließlich kann man in einem deutschen Werbetext auf das Deutsche völlig verzichten. Solch ein Akt sprachlicher Verstümmelung sieht dann so aus:

Wohlgemerkt: Untereinander, in ihrem Fachjargon, können die Mode-Designer, -Hersteller, -Werber reden, wie sie wollen. Doch ihrem Publikum sollten sie sich anders mitteilen: nur soviel Englisch wie nötig verwenden – und soviel Deutsch wie möglich. Englischhaltige Texte wie die hier vorgeführten würden in Frankreich mit Geldbußen belegt.

16. »Zeitangemessene Zeitumgangskultur« Wissenschaft für Laien

Die Sprache der Wissenschaftler ist seit langem als unverständlich verschrien. Im 18. Jahrhundert machte sich der Göttinger Gelehrte Gottfried August Bürger im Kreis der Kollegen nicht nur durch Dichten verdächtig, sondern unbeliebt, weil er ihnen mangelnde Ausdrucksfähigkeit vorwarf: »Wehe jedem Meister der Weltweisheit, der nicht zugleich Meister seiner Sprache ist!«

Auch Bürgers Klage, die Bemühung um guten Stil werde von den Wissenschaftlern »mit höhnischem Nasenrümpfen« als »Schöngeisterei« und »Belletristerei« abgetan, hat an Aktualität nicht verloren. Heute attestiert man (ausnahmsweise schnoddrig redend) gut schreibenden Kollegen eine »flotte Schreibe« – als ob guter Stil nicht das Ergebnis ernsthafter Anstrengung wäre, sondern frivoler Lässigkeit. Die Mäkler sollten lieber Bürgers *Anweisung zur deutschen Sprache und Schreibart auf Universitäten* lesen und daraus Nutzen ziehen.

Für die Fachwelt bestimmte Texte stelle ich hier nur in geringer Zahl vor, obwohl sich eine stilistische Analyse ungemein lohnen würde. Ich konzentriere mich eher auf wissenschaftliche Texte, mit denen Sie als Laie zu tun haben: Artikel in Nachschlagewerken, Einführungen, Kommentare. Auch hier müssen Stichproben genügen: Der einzelne Fall soll exemplarisch das Weitverbreitete zeigen.

Beginnen wir mit der ältesten aller Wissenschaften: der Philosophie. Wir nehmen uns einen Text Martin Heideggers vor – des Ahnherrn unverständlichen Schreibens im 20. Jahrhundert. Angenommen, Sie interessieren sich für Kunst, besuchen Museen und Ausstellungen, sammeln gar Bilder – zumindest Reproduktionen oder noch erschwingliche Graphik. Dann wollen Sie irgendwann einmal (vielleicht sogar sehr bald) wissen, was Kunst – der Gegenstand Ihrer Freizeitbeschäftigung – ist.

Falls Sie, geblendet vom großen Namen oder aufgrund einer Empfehlung, diese Frage an Heideggers *Der Ursprung des Kunstwerkes* richten, erhalten Sie von dort folgende Auskunft:

> **Was ist die Kunst? Wir suchen ihr Wesen im wirklichen Werk. Die Wirklichkeit des Werkes bestimmte sich aus dem, was im Werk am Werke ist, aus dem Geschehen der Wahrheit.... Im Werk ist das Geschehnis der Wahrheit am Werk.**

Sie ahnen es: Dies ist keine Auskunft gebende Sachprosa, sondern alliterierend raunende Dichtung – wenn überhaupt, nur wenigen Eingeweihten verständlich. Die Wortwahl wird durch geheimnisvolle, magische Zusammenhänge bestimmt: Werk und Wirklichkeit wirken auf eine urtümlich wesende Weise zusammen. Keine Fremdwörter, keine anspruchsvolle Syntax – und doch ein unklarer, unverständlicher Text.

Auf ihn kann man natürlich reagieren wie einst der Physiker und Philosoph Carl Friedrich v. Weizsäcker auf eine Vorlesung Heideggers: »Ich verstehe kein Wort. Aber das ist Philosophie.« Und auch der Philosoph George Steiner freut sich über Heideggers dunkles Reden: »Das Wunderbare ist, nichts zu verstehen.« Wer solche Dunkelheit nicht wunderbar findet, greift verzweifelt nach Kommentaren. Wenn man einen Text nicht versteht, benötigt man solche Hilfen.

Im vorliegenden Fall kann es nur darum gehen, uns zu erklären, warum wir den Text nicht verstehen. Dazu lesen wir in einer Einführung – für Laien wohlgemerkt:

> **Es ist nicht möglich, das von Heidegger Gemeinte ... in der Subjektivität unseres eigenen Meinens gleichsam zur Erfüllung zu bringen. Die Begriffsbildung, die Heideggers späte philosophische Arbeiten beherrscht, ist der subjektiven Ausweisung offenbar ... verschlossen ...**

Diese Hilfe zum Lesen ist nicht auf Anhieb hilfreich. Sie sollte es aber sein, da der Leser dies von ihr erwartet und dichterisches Munkeln dem Poeten zubilligt – doch nicht dessen Interpreten. Die beiden zitierten Sätze könnte man zu verständnisvoll helfenden machen, indem man sie weniger nominal konstruiert und vertrautere Worte wählt. Etwa so:

> **Das von Heidegger Gemeinte können wir nicht völlig erfassen und wiedergeben. Die in Heideggers philosophischem Spätwerk vorherrschende Begriffsbildung verschließt sich offenbar dem individuellen Verstehen.**

Ein anderer Kommentator beschreibt in verständlicher, doch nicht trivialer Weise, warum Heideggers späte Texte auf die meisten Leser so dunkel wirken. Zum einen:

> **Heidegger versucht, das im Wortgeräusch verlorene Wort etymologisch zu ergreifen, er fährt dem Wort entlang bis an seine Wurzel und hält es dort fest. Das griechische Wort *aletheia*, Wahrheit, zum Beispiel, heißt dann nicht Wahrheit, sondern ... das Unverborgene, das Aufgedeckte.**

Zum anderen:

> **Es scheint mir überhaupt, daß Heideggers Philosophie sich bewegt um ein Gedicht herum, das er nicht dichten kann.**

Klar und schön. Doch wissen Sie jetzt immer noch nicht, was Kunst ist. Also gehen Sie jetzt aufs Ganze und greifen zu einer bewährten Enzyklopädie. Dort lesen Sie:

> **[Kunst ist] die Gesamtheit des vom Menschen Hervorgebrachten (Ggs.: Natur), das nicht durch eine Funktion eindeutig festgelegt oder darin erschöpft ist (Ggs.: Technik), zu dessen Voraussetzungen die Verbindung von hervorragendem und spezifischem Können und großem geistigem Vermögen gehören, das sich durch seine hohe gesellschaftliche und individuelle Geltung auszeichnet, ohne dadurch vorangegangene Werke außer Kraft zu setzen oder den Beweis der Richtigkeit einer Aussage antreten zu müssen.**

Nicht aufregen, bitte! Holen Sie, atemlos geworden, tief Luft, und machen Sie es sich bequem. In der Zwischenzeit versuche ich, diesen auf Grund gelaufenen Satz wieder flottzumachen:

Kunst ist (im Gegensatz zur Natur) die Gesamtheit des vom Menschen Hervorgebrachten, das nicht (im Gegensatz zur Technik) durch eine Funktion eindeutig festgelegt ist oder sich darin erschöpft. Es zeichnet sich aus durch die Verbindung besonderen Könnens mit geistigem Vermögen sowie durch eine hohe gesellschaftliche Geltung, die jedoch weder ältere Werke entwertet noch die Richtigkeit einer Aussage beweisen muß.

Zufrieden? Der neue Text ist nicht nur besser verständlich – er enthält auch nicht mehr jenen groben grammatischen Schnitzer, der in einer berühmten Enzyklopädie nicht vorkommen dürfte: »gehören« statt »gehört«. (Mangelnde Kongruenz nennt man so etwas.) Karl Valentin hat wieder einmal recht: »Kunst ist schön, macht aber viel Arbeit.«

Bevor wir den Bereich der Philosophie verlassen, gibt uns der Leserbrief eines Philosophen Gelegenheit, über eine sprachliche Mode nachzudenken: den Wortzusammensetzungsfimmel, seriöser ausgedrückt: das suchtartige Verlangen, zwei oder mehr Wörter zu einem neuen Wort zusammenzusetzen.

Diese Manie ist so weit verbreitet, weil sie das heutige Grundbedürfnis nach nominalem Ausdruck befriedigt. Sie ist in allen möglichen Textarten anzutreffen, besonders häufig in der Sprache der Behörden und der Technik, wo es zum Beispiel eine Treibstoffzufuhrregulierung gibt.

Texte, in denen viele solcher Komposita verwendet werden, erhalten dadurch einen seltsam statuarischen Charakter: Auf den Leser wirken sie unbelebt und abweisend – so als ob man ihn aus dem Dialog mit dem Autor aussperren möchte. In einem Leserbrief, der sich ja (als eine Art »offener Brief«) an alle anderen Leser wendet, wird diese nominale Entrücktheit greifbar – besonders deutlich in dem eines Philosophen, dessen

Zunft Lehrmeinungen oft als unumstößlich bekanntgibt. Zum Beispiel diese:

... je emanzipierter wir sind, um so lebensbedeutsamer wird die Tugend – unserer Könnerschaft nämlich im Umgang mit den Regeln selbstbestimmter Lebensführung.

Einen blutärmeren Satz könne man kaum konstruieren, meinen Sie, liebe L.....? Doch – dies kann man. Lesen Sie die unmittelbar auf den zitierten Satz folgende, steifleinene Erklärung unseres Philosophen:

Wieso ist das so? Es handelt sich um Konsequenzen modernitätsspezifischer Freiheitsgewinne.

Gern komme ich Ihnen zu Hilfe. Den ersten Satz könnte man so aus seiner Erstarrung lösen:

... je mehr wir uns emanzipieren, um so bedeutsamer für unser Leben wird die Tugend, mit den Regeln selbstbestimmter Lebensführung umgehen zu können.

Und den zweiten auf diese Weise:

Es handelt sich um Konsequenzen jener Freiheitsgewinne, die der Modernität eigentümlich sind.

Auch bei diesem stilistischen Problem ist Augenmaß gefragt: Nicht die Demontage aller Komposita wird empfohlen, sondern nur die der textverständnishemmenden.

Nutzen Sie nun die Gelegenheit zum Training, indem Sie einige weitere kompositorische Köstlichkeiten dieses Leserbriefs zerkleinern und in syntaktisch genießbare Einheiten umwandeln:

- Kirchentagsmaßgabe,
- innovationsbegünstigende Technologiepolitik,
- Sekundärtugendphobie,
- zeitangemessene Zeitumgangskultur,
- lebensdienliche Selbstbedienung,
- krankheitsvorbeugende Nebenfolgen,
- Tugenderinnerungsscheu,
- gesundheitsdienliche Lebensregeln.

Verlassen wir nun diese hochblutdruckfördernde Wissenschaftsspielart, vergessen wir unsere zusammensetzungsphobiebedingten Mehrwortdemontageversuche und kümmern wir uns um die Geschichte – genauer: um deren textliche Darstellung. Da werden wir vieler stilistischer Glanzlichter ansichtig, doch auch zuweilen mancher Düsternis. Beispiele für die letztere entnehme ich einer Einführung und einem historischen Lexikon.
Konzentrieren wir uns auf einige syntaktische Höhepunkte jener Einführung. Zunächst lenke ich Ihren Blick auf ein seltenes Schauspiel:

> **Nach fast 300jährigem Verschollensein tauchte die Manfredhandschrift kurz im Besitze eines Nürnberger Humanisten auf, um dann, kaum in die berühmte Heidelberger Schloßbibliothek gelangt, mit all ihren Zimelien den Weg über die Alpen in die Biblioteca Apostolica Vaticana nach Rom anzutreten.**

Wie so oft wird auch hier »um zu« falsch verwendet: Dem Leser wird irrtümlich eine Absicht mitgeteilt. Dies ist im vorliegenden Text um so komischer, als dadurch die Manfredhandschrift zusätzlich menschliche Züge erhält – versehentlich »anthropomorph« dargestellt wird. Sie zieht mit »ihren Zimelien« über die Alpen wie weiland Hannibal mit seinen Elefanten.
Eine weitere, den Leser verwirrende Nachlässigkeit des Verfassers: Er setzt »ihren« statt »deren«. Und was »Zimelien« bedeutet, teile ich gleich auch noch mit: »wertvolle Handschriften«. Ein erträglicher Satz könnte lauten:

> **Nachdem die Manfredhandschrift fast 300 Jahre verschollen war, tauchte sie kurz im Besitz eines Nürnberger Humanisten auf, gelangte in die berühmte Heidelberger Schloßbibliothek und – bald darauf – mit deren wertvollsten Manuskripten nach Rom: in die Biblioteca Apostolica Vaticana.**

Kaum hat sich der Leser von dem Furcht einflößenden Satz erholt, ereilt ihn im darauffolgenden neues Ungemach:

> **Unter den Zeitgenossen kennen wir nur von einem einzigen eine das kaiserliche Werk speziell betreffende Äußerung, aber diese stammt von einem Mann, der seines Geistes wahrhaftig einen Hauch verspürte.**

Lesen Sie diesen Satz bitte laut – es lohnt sich: Seine phonetische Scheußlichkeit wird eindrucksvoll hörbar. *Ein einz*iger *ein*drucksvoller *Ein*heitslaut läßt sich hier vernehmen – den sollte man vermeiden.

Und was bedeutet der Relativsatz? Verspürt der Mann einen Hauch seines eigenen Geistes? So etwas wäre theologisch oder psychiatrisch interessant. Wieder hat der Verfasser dies alles nicht so gemeint. Sagen wir es daher lieber so:

> **Die einzige zeitgenössische Äußerung über das kaiserliche Werk stammt von einem Mann, der dessen Geist wahrhaft verstand.**

Verlassen wir diese garstige Einführung und entnehmen die nächsten Sprachproben einem historischen Lexikon – auch dieses eher für Nichtfachleute verfaßt. Und auch dieses mißachtet häufig das Recht des Lesers auf klare und gut lesbare Texte, die sogar elegant und witzig sein dürfen.

Solche Hoffnungen erweisen sich hier als trügerisch. Den Reigen typischer stilistischer Fehlleistungen lassen wir mit einfallslosen Wiederholungen von Wörtern beginnen. Etwa:

> ***Pergament*: Aus Esel-, Schweine- oder Kälberhaut, durch Gerben und Glätten ... hergestellter Beschreibstoff, der seit dem 8. Jh. meist in Klöstern hergestellt wurde ...**

Solche Texte lassen erkennen, daß der Verfasser seine Leser nicht ernst nimmt. Viel Mühe hat er nämlich nicht aufgewendet, lustlos reiht er Wort an Wort. Ein leichtes wäre es ihm gewesen, dem Leser etwas gefälliger entgegenzukommen:

> ***Pergament*: Beschreibstoff, den man seit dem 8. Jh. meist in Klöstern durch Gerben und Glätten aus Esel-, Schweine- oder Kälberhaut herstellte ...**

Im Artikel »Seuchen« können wir lernen, wie man mit Fremdwörtern nicht umgehen darf. Zwar müssen auch Laien akzeptieren, daß ein vernünftiges Maß an Fachausdrücken (Fremdwörtern meist) in einem Fachtext unumgänglich ist. Dessen Autor verwendet diese *termini technici*, um seine Ausführungen möglichst präzise formulieren zu können.
Solche unverzichtbaren Fachausdrücke sind im vorliegenden Artikel unter anderem »Epidemie« und »Endemie«. Erstere ist definiert als »zeitlich und örtlich in besonders starkem Maß auftretende Infektionskrankheit«, letztere als »örtlich begrenztes Auftreten einer Infektionskrankheit« (Duden). Eine Epidemie tritt überregional in zeitlichen Wellen auf – eine Endemie bricht nicht aus, sondern ist regional stets vorhanden.
Beide Begriffe werden von unserem Autor in einer den Leser verwirrenden Weise gebraucht. Über die Beulenpest sagt er:

> **Die Krankheit dieser Epidemie wurde als Pest bezeichnet, wobei es sich um die durch Nagetiere... übertragene Beulenpest handelt.**

Er hätte sagen sollen:

> **Bei dieser epidemisch auftretenden Krankheit handelt es sich um die sogenannte Pest – genauer: um die durch Nagetiere... übertragene Beulenpest.**

Wenig später ist von der »endemischen Wirkung« der Pocken die Rede. So verfälschend darf man zum Leser nicht über das Wesen einer Endemie sprechen. Die Pocken haben keine »endemische Wirkung«, sondern »die endemisch auftretenden Pocken« haben Auswirkungen auf... Auch hier gilt: Schlecht formuliert, weil unscharf gedacht.
Weit verbreitet ist nicht nur der nachlässige Umgang mit Fremdwörtern, sondern mit dem Zeitsystem. Das ist um so bedauerlicher, als gerade dieses dazu beiträgt, unsere Welt sprachlich zu ordnen. Was soll der Leser von einem derartig unordentlichen Text halten, in dem es zeitlich drunter und drüber geht:

> **Papier wurde aus einem wässerigen, stark faserigen Lumpenbrei hergestellt, indem man die Masse in dünner Schicht auf einem feinen Sieb ausbreitet, das Wasser abtropfen läßt und die Bogen dann weiter trocknet.**

Bleiben wir noch eine Weile bei den Geisteswissenschaften und statten den Germanisten einen Besuch ab – für mehr als eine Stippvisite bleibt uns keine Zeit.

In einem Lexikonartikel über den Teufel liest man:

> **Durch die alttestamentarische Erzählung vom Paradies und die Darstellungen des Teufels im Neuen Testament wurde die Gestalt schon früh Gegenstand geistlicher Dichtung ...**

Die Verwendung des Adjektivs »alttestamentarisch« gibt uns hier Gelegenheit, kurz über die Unvermeidbarkeit sprachlichen Wandels nachzudenken. Puristen würden dem Autor »alttestamentarisch« als Fehler ankreiden und »alttestamentlich« fordern: Ersteres bedeute »nach Art des Alten Testaments«, letzteres »im Alten Testament« – und das sei hier gemeint.

Zugegeben: Ich würde diese beiden Adjektive auch so einsetzen. Doch gebe ich um die Zukunft dieser subtilen Unterscheidung keinen Pfifferling. Deren Mißachtung heute als Fehler zu bewerten, halte ich für einen Akt der Pedanterie. Die Zeit wird über solche Sprachscharmützel hinweggehen.

Denn daß jede lebende Sprache sich verändert, wissen wir alle. »Eine Sprachgemeinschaft muß Neues akzeptieren, das heißt, eine gewachsene Sprache ändert sich nach ihren eigenen Regeln« – so die Geschäftsführerin der nicht gerade umstürzlerischen Gesellschaft für deutsche Sprache.

Doch Neuerungen stoßen oft auf Ablehnung. Flüchtigkeit und Änderung – auch der Sprache – mögen wir meist nicht. Wir schätzen verläßlichen Halt und beruhigende Stabilität. (Die jungen Leute denken darüber ganz anders – Gott sei Dank.) Laut Günther Drosdowski, dem Leiter der Duden-Redaktion, glauben fast 84 % der Deutschen, »daß das Neue in der Sprache schlechter als das Alte sei.«

In wenigen Jahren wird die heute noch geforderte Unterscheidung zwischen »alttestamentlich« und »alttestamentarisch« vergessen sein: Fehler werden zur Regel – und oft zu Regeln. Mit den Worten des Linguisten Claude Hagège: »Die Fehler von heute sind die Norm von morgen.«

Dies müssen wir zur Kenntnis nehmen, selbst wenn wir nicht unbedingt Franz Bleis schnoddriger Meinung sind: »Eine grammatische Regel ist die Sanktion schönen Brauches, nichts mehr und nichts weniger.«

Auch Wortbedeutungen sind lediglich Vereinbarungen, die bis auf weiteres gelten. Denken Sie nur an zwei deutsche Wörter, deren eigentlich falsche Bedeutungen sich allmählich als die üblichen festsetzten: Eine »frugale« Mahlzeit gilt vielen als »üppig« – und nicht als »kärglich«. Und die »Olympischen Spiele« sind längst nicht richtiger als eine »Olympiade«, die ursprünglich ja den Zeitraum von vier Jahren zwischen zwei Olympischen Spielen bedeutete.

Solchen Bedeutungswandel mögen wir bedauern – aufhalten können wir ihn meist nicht. Die Engländer haben sich ja auch damit abgefunden, daß »nice« (hübsch, nett) heute etwas ganz anderes bedeutet als in früherer Zeit (dumm).

Und in unserer deutschen Hochsprache hat sich die »Dirne« von der »Jungfrau« zur »Prostitutierten« entwickelt.

Die Syntax vieler germanistischer Lexikonartikel hat es in sich. Sie ist oft gar nicht benutzerfreundlich. Dies ist bei dieser Textart um so bedauerlicher, als der Benutzer eines Lexikons es meist eilig hat: An dieses stellt er eine Frage – und erwartet von ihm eine prompte Antwort. Die läßt manchmal auf sich warten. So auch ausgerechnet im Artikel »Germanistik«. Holen Sie tief Luft, und machen wir uns gemeinsam auf eine längere Reise:

> **Von besonderer Bedeutung in diesem Zusammenhang ist die Stellung *J. G. Herders,* der die geschichtlich entwickelnde Betrachtung von Sprache und Literatur einführte,**

> **zudem in seiner Sprachphilosophie den Anfang der Sprache in der Poesie vermutete und insoweit zur Integration von Sprach- und Literaturbetrachtung beitrug, und der schließlich der Entwicklung von Sprache und Literatur als Audrucksformen von Kulturen die besondere Bewegungsform natürlichen, organischen Wachstums zugrunde legte, wodurch seine Ideen über die Weiterentwicklung durch *W. von Humboldt* bis ins 20. Jh. hinein Bestand haben sollten.**

Ein Satz, der selbst zu Barockzeiten Aufsehen erregt hätte. Er gehört zu jenem Typus von Langsätzen, die ihren gewaltigen Umfang durch geduldiges Anleimen aller möglichen Nebensätze erreichen: »Herder, der ... / zudem ... / und insoweit ... / und der schließlich ... / wodurch ...«.

Solche Sätze kann man fast beliebig verlängern, da ihnen ein ernsthaftes Bauprinzip fehlt. Genauso einfach lassen sie sich wieder überschaubar machen. Versuchen Sie es selbst nach dem Muster:

- Er führte ... ein.
- Zudem vermutete er ... und trug insoweit ...
- Schließlich legte er ...
- Dadurch sollten ...

Enorme Sätze kann man auch auf ganz anderem Weg erzeugen. Schlagen wir in der Enzyklopädie unter »Theater« nach, so werden wir dort gleich fündig:

> **Der Nationalsozialismus hatte 1933 das ungewöhnlich reiche Berliner Theaterleben: Regisseure wie *M. Reinhardt, L. Jessner, J. Fehling, L. Berger, G. Hartung, K. H. Martin, B. Viertel,* Bühnenbildner wie *C. Neher, César Klein* (*1876, +1954), *R. Gliese, T. Müller,* Schauspieler wie *A. Bassermann, F. Kortner, W. Krauss, P. Wegener, E. Jannings, E. Klöpfer, H. George, M. Pallenberg, A. Moissi, E. von Winterstein, R. Forster,* Schauspielerinnen wie *Agnes Straub, Käthe Dorsch, Fritzi Massary, Elisabeth Bergner, Lucie***

> ***Mannheim, Käthe Gold,*** **durch »Gleichschaltung« und Antisemitismus fast zum Erliegen gebracht...**

Hier wird der gewaltige Umfang des Satzes durch eine Tempusklammer erreicht: Zwischen »hatte« und »gebracht« bringt der Verfasser einen Katalog unter, in dessen Sog das Gemeinte untergeht. Eigentlich ist der Satz, der dem Autor vorschwebte, kurz und verständlich:

> **Der Nationalsozialismus hatte 1933 das ungewöhnlich reiche Berliner Theaterleben durch »Gleichschaltung« und Antisemitismus fast zum Erliegen gebracht.**

Doch der riesige Katalog buchtet den Satz aus wie ein Aneurysma die Schlagader.

Nur noch mit einem weiteren ähnlichen Beispiel aus einer anderen philologischen Disziplin will ich Sie erschrecken – und die Fachleute zum Nachdenken über das von ihnen Geschriebene ermuntern.

Ich habe die Ehre, Ihnen den längsten und verwirrendsten Satz vorzustellen, dem ich während meiner Textsuche in einem Nachschlagewerk begegnet bin. Vielleicht sollte man ihn für das Guinness-Buch der Rekorde anmelden. Er findet sich in dem Artikel eines Literaturlexikons über die *Hymnen* des Kallimachos und lautet:

> **Wie der Wissensstoff des alexandrinischen Gelehrten zum Darstellungsmittel des Dichters wird, wie die verschiedenen, oft gegensätzlichen und sich scheinbar ausschließenden Elemente von Gattung, Zeitstil und dichterischer Persönlichkeit, die verschiedenen Bewußtseinsebenen eines Lebens, Forschens und Dichtens in einer reifen Kultur sich in der Einheit eines alexandrinischen Gedichtes zusammenfinden – nicht im realen Ablauf eines einfachen Geschehens, sondern als ein Rhythmus der Töne, Farben, Stimmungen, mit oft abrupten Übergängen, assoziativen Zusammenhängen, Bezügen, die nur leicht angedeutet ins Irrationale hinüberspielen – soll hier am** ***Apollohymnus*** **andeutungsweise**

> **aufgezeigt werden, einem vielleicht späten, jedenfalls reifen und reichen Gedicht.**

Rücksichtslose Texte sind in den meisten Nachschlagewerken gang und gäbe – nach meiner Erfahrung im geisteswissenschaftlichen Bereich häufiger als im naturwissenschaftlichen. Hängt dies etwa mit den jeweils verwendeten wissenschaftlichen Methoden zusammen? Hier kommen mir T. S. Eliots Worte in den Sinn: »Jede Methode hat die Sprache, die sie verdient.«

Jubel, der jetzt vielleicht außerhalb der Philosophischen Fakultäten laut wird, wäre jedoch verfrüht. Warum sollten zum Beispiel die Juristen einen Lexikonartikel besser formulieren als ein Gesetz oder einen Kommentar? Informieren Sie sich, liebe steuerzahlende L...., doch einmal in einer Enzyklopädie über steuerrechtliche Probleme – Sie werden Ihr blaues Wunder erleben.

Besonders empfehlenswert sind etwa die Artikel »Steuergeheimnis«, »Steuergerechtigkeit«, »Steuerbefreiung« oder »Steueraufkommenselastizität«. Dort begegnen Sie eindrucksvollen Schöpfungen deutscher Wortbildungskunst (»Steuerlastverteilungsgerechtigkeit« oder »Reinvermögenszugangstheorie«) und einer Satzbaukönnerschaft, die ich nicht nochmals durch Zitate belegen will.

Solche Texte lassen mich schier verzweifeln und an McLuhans Worte denken:

> **Wir müssen verstehen, daß Prosa keine brauchbare Technik mehr ist, um etwas verständlich zu machen.**

Dies meinte er natürlich – im Hinblick auf die elektronischen Medien – etwas anders als ich. Er fügte hinzu: »Sie ist zu linear.« Prosa kann nicht linear genug sein, meine ich.

17. »Feinschlägiges Zittern« Packungsbeilagen

Zungenbrecher sind (trotz der unheilverkündenden Benennung) ungefährlich, oft sogar lustig. Früher wurden sie von wohlmeinenden Pädagogen in Lesebücher eingeschmuggelt, um die Zungenfertigkeit der Schüler auf eine spaßige Weise zu trainieren. An die bekannteren dieser blödsinnigen Sätze erinnern Sie sich, liebe L....: »Fischers Fritz fischt frische Fische« – oder »In Ulm und um Ulm und um Ulm herum«.
Heute – im Zeitalter der elektronischen Medien – sind an die Stelle solcher altehrwürdigen Zungenbrecher ganz andere getreten. Deren Schwierigkeit beruht nicht auf dem Wortlaut des Satzes, sondern auf der kostensparenden Geschwindigkeit, mit der sie im teuren Werbefernsehen gesprochen werden.
Besonders schnell und zungenbrecherisch wird uns allabendlich von den Arzneimittelherstellern dieser Satz um die Ohren geschlagen: »Zurisikenundnebenwirkungenlesensiediepackungsbeilageundfragensieihrenarztoderapotheker.« Packen wir's an und lesen einige dieser Beilagen, um uns über deren sprachliche Risiken und Nebenwirkungen zu informieren.
Da nimmt eine Pharmafirma den Käufer ihres Schmerzmittels fürsorglich bei der Hand:

> **Sehr geehrte Patientin,**
> **sehr geehrter Patient,**
> **diese Kurzbroschüre soll Sie über Schmerzen ... informieren ... Auch für Sie als Patient ist es nützlich, für diese Erkrankungen und ihre Behandlung Verständnis zu gewinnen.**

Dies geht zu weit: Für meine Krankheiten habe ich keinerlei Verständnis, und meinem Körper gestatte ich keine faulen Ausreden, wenn er mich im Stich läßt. Wohl aber möchte ich über meine Krankheiten, falls sie mich denn befallen, Genaues wissen und deren Behandlung verstehen. Also nochmals von vorne:

Sehr geehrte Patientin,
sehr geehrter Patient,
diese Kurzbroschüre soll Sie über Schmerzen ... informieren ... Auch für Sie ist es nützlich, über diese Erkrankungen und ihre Behandlung informiert zu sein.

Solches Wissen wird längst nicht in allen Packungsbeilagen auf verständliche Weise vermittelt. Trotz guter Vorsätze gelingt es den Autoren nicht immer, dem Patienten den pharmazeutischen oder medizinischen Fachjargon zu ersparen. Wissen Sie zum Beispiel, was sich hinter einer »morbostatischen Wirkung« verbirgt und was »wirkungsäquivalente Dosen« sind? Sie brauchen sich nicht zu schämen – diese Begriffe finden Sie nicht einmal im Pschyrembel, dem zuverlässigen Ratgeber aller Medizinstudenten.

Und muß wirklich von einer »Initialdosis bei perakuten Krankheitszuständen« die Rede sein? Eine »Anfangsdosis bei lebensbedrohenden Erkrankungen« täte es für Laien auch.

Doch auch ohne Fremdwörter kann man sich unverständlich ausdrücken:

Die Behandlung soll nicht plötzlich abgebrochen, sondern ausschleichend mit stufenweise herabgesetzten Dosen beendet werden.

Wer oder was schleicht sich hier hinaus – der behandelnde Arzt etwa? »Falsche, laienhafte Frage!« tönt es aus Fachkreisen zurück. Im medizinischen Jargon ist »ausschleichen« (ebenso wie »einschleichen«) transitiv. Ein Medikament wird also aus- oder eingeschlichen, das heißt: in langsam verringerter oder gesteigerter Dosis verabreicht.

Auch gutgemeinte Verdeutschungen können das Verständnis eines Textes erschweren. Wohl jedem medizinischen Laien ist der Begriff »Depression« bekannt. Unnötig und unrichtig wird er in einer Beilage durch »grundlose traurige Verstimmtheit« umschrieben. »Grundlos« sind Krankheiten nie. Daß sie – auch Depressionen – oft nicht erklärt werden können, ist eine andere Sache: Eben diese ist hier gemeint.

Preise für die literarische Eleganz von Packungsbeilagen werden nicht ausgeschrieben. Dennoch sollten deren Autoren nicht unbedingt einem stilistischen Häßlichkeitsideal huldigen, das sich zum Beispiel in unsäglich nominalem Amtsdeutsch manifestiert:

> **Die Wirkung wird durch Diät unterstützt. Es empfiehlt sich eine kurzfristige Nahrungspause mit anschließendem langsamen Wiederaufbau der Kost.**

Ein für uns alle unmögliches Unterfangen: Haben Sie einmal versucht, Ihre Kost »langsam wiederaufzubauen«? Der medizinische Rat hätte eher lauten sollen:

> **Es wird empfohlen, kurzzeitig zu fasten und danach allmählich wieder Nahrung zu sich zu nehmen.**

Doch ein einziges Mal wurde der Autor einer Packungsbeilage unschuldiges Opfer eines Musenkusses – ausgerechnet anläßlich einer Verstopfung. Mit grandioser Schlichtheit verkündet er:

> **Verstopfung wird hingegen häufiger beobachtet; nicht selten ist sie aber Ausdruck der Depression.**

Hier wird die Verstopfung endlich einmal ganzheitlich betrachtet – eine Sehweise übrigens, die Romanautoren längst eigen ist und die es etwa Philip Roth ermöglicht, den gescheiterten Jack Portnoy einen beträchtlichen Teil seines Lebens ergebnislos auf der Toilette verbringen zu lassen.

Wie politische Texte werden auch Packungsbeilagen zuweilen mit Absicht unklar formuliert: ein bewährtes Mittel, unangenehme Sachverhalte zu beschönigen oder zu verschleiern. So heißt es in der »Gebrauchsinformation« über ein starkes Schmerzmittel:

Nach Langzeitanwendung ist eine Abhängigkeitsentwicklung nicht mit Sicherheit auszuschließen.

»Ab-hän-gig-keits-ent-wick-lung« – dieser schönfärberische Euphemismus zergeht auf der Zunge wie die einzunehmende schmerzstillende Kapsel. Über solche amtsdeutsch verklausulierten Warnungen liest der Patient hinweg – er soll es ja auch. Nicht auszudenken, wenn er durch einen klaren Satz wie den folgenden vom Schlucken des Medikaments abgeschreckt würde:

Wird das Präparat längere Zeit eingenommen, besteht Suchtgefahr.

Insbesondere Patienten mit Nieren- oder Leberschäden sollten genau hinsehen:

Bei eingeschränkter Nieren- bzw. Leberfunktion ist gegebenenfalls eine Dosisanpassung zu berücksichtigen.

Im Klartext bedeutet dies (ziemlich furchterregend):

Bei Patienten mit Nieren- oder Leberschaden können Komplikationen auftreten, die eine Dosisverringerung erforderlich machen.

Auch Patienten mit labilem Kreislauf werden gewarnt – allerdings nur sehr verhalten:

Eine Kreislaufbeeinflussung ist in seltenen Fällen möglich.

Wenn Sie zu diesem Personenkreis gehören und nach Einnahme dieses Medikaments richtungslos durch Ihr Büro oder Wohnzimmer taumeln, dann wissen Sie dank dieser »Gebrauchsinformation« Bescheid: Sie leiden nicht unter Kreislaufstörungen, sondern unter einer Kreislaufbeeinflussung. Da diese jedoch selten ist, brauchen Sie sich ohnehin keine Sorgen zu machen.

Seit dem Contergan-Skandal werden Schwangere eindringlich vor dem Risiko gewarnt, dem sie sich durch die Einnahme von Arzneimitteln aussetzen. Derartige Aufklärung erscheint meist im Abschnitt »Gegenanzeigen« – eine seltsame Rubrizierung: Schwangerschaft als Krankheit. Zum Beispiel:

Für Zuckerkranke gelten die gleichen Einschränkungen wie bei Schwangeren.

Auch diese Hinweise für Schwangere entbehren öfter der gebotenen Deutlichkeit:

Den allgemeinen Empfehlungen folgend sollte das Präparat nicht während der Schwangerschaft eingenommen werden, obwohl aus experimentellen Untersuchungen keine Hinweise hierfür vorliegen.

Mehreres ist hier rätselhaft. Welchen »allgemeinen Empfehlungen« folgt der Autor? Daß Schwangere überhaupt keine Medikamente einnehmen sollen? Und »wofür« liegen »keine Hinweise« vor? Für eine Schwangerschaft etwa? Wohl kaum. Gemeint ist:

Das Präparat sollte nicht von Schwangeren eingenommen werden, obwohl sich aus experimentellen Untersuchungen keine Hinweise auf eine Schädigung der Leibesfrucht ergeben haben.

Eine andere Packungsbeilage rät:

Während der Schwangerschaft ... sowie bei vermuteter Schwangerschaft sollen Arzneimittel nur nach Befragen des behandelnden Arztes angewandt werden.

Ein geschäftsschädigender Hinweis ist dies. Bei allen gesunden Frauen kann man jederzeit bis zu einem bestimmten Alter eine Schwangerschaft vermuten: Ihnen sollten Arzneimittel vorsichtshalber kaum noch verordnet werden.

Sie meinen, liebe L...., solche Vorsicht sei nicht mehr zu überbieten? Weit gefehlt. Eine schwangere Patientin schützt sich und ihre Leibesfrucht am wirksamsten vor einer Schädigung durch Arzneimittel, indem sie erst gar nicht schwanger wird. Genau dies wird in einer Packungsbeilage – ausgerechnet für einen Gemütsaufheller – vorgeschlagen:

Es empfiehlt sich, Patientinnen zu raten, während der Behandlung eine Schwangerschaft zu vermeiden.

Den besten Schutz vor Arzneimitteln bietet jedoch (auch den Männern) übrigens das Vermeiden jeglicher Krankheit. Dieser geniale und einfach zu befolgende Vorschlag findet sich leider in keiner Packungsbeilage.

Hypochondern dagegen, die ihr Repertoire erweitern möchten, bieten diese Texte im Abschnitt »Nebenwirkungen« wertvolle Anregungen. Dort trifft der interessierte Leser auf ein ABC des Grauens:

- allergische Hautausschläge
- Blutgerinnsel
- Colitis
- Durchfall
- Erbrechen
- feinschlägiges Zittern
- Gelbsucht
- Halluzinationen
- Juckreiz
- Knochenschwund
- Leberzellschädigung
- Muskelschwäche
- Nebennierenrindenschwund
- Osteoporose
- Potenzstörungen
- Schneeflockensehen
- Übelkeit
- Vollmondgesicht
- Wachstumsverzögerung
- Zuckerkrankheit

Unter dem Buchstaben T sei eine Nebenwirkung angeführt, die wegen ihrer besonderen Unerfreulichkeit eine gesonderte Erwähnung verdient: der Tod. In der betreffenden »Gebrauchsinformation« – einem Musterbeispiel euphemistischer Produktbeschreibung – heißt es:

Im Zusammenhang mit unerwünschten Wirkungen wie Lyell-Syndrom und rasch voranschreitender Lebernekrose sind – wenn auch selten – Fälle mit tödlichem Ausgang gemeldet worden.

Auch ich als medizinischer Laie zähle die rasche Zerstörung der Leberzellen (Nekrose) zu den »unerwünschten Wirkungen« eines Arzneimittels. Doch was die seltenen Todesfälle angeht, mag es tröstlich sein, daß die Herstellerfirma mit ihnen offenbar gar nichts zu tun hat. Denn diese werden ja lediglich »gemeldet« – dem Gesundheitsamt etwa? Der Verursacher posiert als Unbeteiligter.

Im übrigen sollten Sie auch nicht auf das erwähnte Lyell-Syndrom erpicht sein – eine blasige Hautablösung. Diese wird nämlich mit Cortison behandelt, das »unerwünschte Wirkungen« hat, gegen die ein anderes Präparat eingesetzt wird, das »unerwünschte Wirkungen« hat, die mit einem anderen Medikament bekämpft werden, das »unerwünschte Wirkungen« hat, gegen die ein anderes Mittel verordnet wird, das »unerwünschte Wirkungen« hat …

Angesichts solcher Horrorvisionen rate ich Ihnen: Fragen Sie Ihren Arzt oder Apotheker – der macht Ihnen wieder Hoffnung.

18. Von B(ild) bis Z(EIT): Zeitungsdeutsch

Scharfzüngig meinte Karl Kraus einmal: »Keinen Gedanken haben und ihn ausdrücken können – das macht den Journalisten.« Ich halte diesen Satz weniger für eine Bosheit als für ein Kompliment. In aphoristischer Überspitzung lobt Kraus die stilistischen Fähigkeiten der Journalisten, die – sozusagen von Berufs wegen – besser formulieren als die Angehörigen anderer Berufe. Unter letzteren finden sich im übrigen einige, die keinen Gedanken haben und ihn nicht ausdrücken können – und viele, die einen Gedanken haben und ihn nicht ausdrücken können. Da fragt man sich, zu welcher Gruppe man am liebsten gehören möchte.

Jedenfalls drücken sich Journalisten meist besser aus als Nichtprofis (wie etwa Politiker, Wissenschaftler, Beamte), die nicht nur Amateure sind, sondern auch so schreiben. Dennoch gilt auch für die Journalisten die keineswegs überraschende Feststellung: »Nobody is perfect.« Schauen wir uns an, was Profis falsch machen – und überlegen uns Besseres.

»BILD«-ZEITUNG

Beginnen wir mit der *Bild*-Zeitung, die – wie ein BigMäc der Firma McDonald's – von vielen Bürgern bespöttelt, aber von den meisten konsumiert wird. Einige Harmlosigkeiten zuerst.

Daß der Anglokokkus auch die Texte der *Bild*-Zeitung befällt, ist nicht verwunderlich. In diesen tritt er jedoch (im Gegensatz zur Werbesprache) nicht endemisch auf, sondern nur von Fall zu Fall. Wie in den anderen Textarten sind viele der verwendeten Anglizismen entbehrlich. In der Ratgeberecke heißt es:

Erkennen Sie das Knacken der Kekse?
Wenn ein Keks hart knackt, hat er wenig Fett. Wenn er soft bricht – lieber lassen.

Etwas ganz Neues: soft brechende Kekse – nicht zu verwechseln mit den soften, softigen oder softweichen Dingen der Werbung. Der Verfasser hätte besser formulieren sollen: »Wenn er zerbröselt – lieber lassen.«

Über andere Importe läßt sich reden – »Killer« zum Beispiel. Dieses Wort ist längst in die deutsche Sprache aufgenommen und bereichert sie durch seine Bedeutungsnuance »kaltblütiger, skrupelloser« Mörder oder Totschläger. Der deutsche »Mörder« braucht diese Eigenschaften ja nicht zu haben – er könnte auch im Affekt töten.

Vom »VW-Kostenkiller Ignacio López« lesen wir. Nicht schlecht: Señor López soll nicht gerade zimperlich sein oder überstürzt handeln. Ungewollt komisch dagegen erscheint der die Obsternte gefährdende Dauerregen als »Killer-Regen«.

Oder ist es vielleicht nur eine Frage der Zeit, bis wir uns an zunächst merkwürdig erscheinende Neubildungen gewöhnt haben? »Killerwale«, »Killerzellen« und »Ozonkiller« sind uns ja inzwischen vertraut und erregen kaum noch Anstoß.

Noch fragwürdiger sind ohne Not verwendete Anglizismen, wenn sie den Leser irreführen:

Endlich Sommer auf der Haut

Kristiana (20) spürt den deutschen Sommer auf der Haut – endlich!
Heiße Sonnenstrahlen streicheln ihr Herz und ihren Body.
Wunderbare *25 Grad* am Wochenende!

Die Sonnenstrahlen streicheln also »ihr Herz und ihren Body« – ihren Körper oder ihren »Bodysuit«? »Körper« ist gemeint und sollte auch gesagt werden. »Body« ist festgelegt als nützliche, kurze Bezeichnung für »enganliegende, einteilige Unterkleidung« – wie etwa in jener weltbewegenden *Bild*-Nachricht über »Rambos Neue«:

> **Joggt mit Sylvester Stallone (47) in hautengen Bodys über die Traumyacht von Fiat-Boß Agnelli.**

Obwohl alle wichtigen Wörter dieses Textes englische sind, erscheint er mir akzeptabel: Mit Hilfe deutscher Entsprechungen käme er wohl nicht zustande. Oder mögen Sie solch einen – von allem Englischen gesäuberten – Satz:

> **Läuft in mäßigem Tempo mit Sylvester Stallone (47) in hautenger, einteiliger Unterkleidung über das luxuriös eingerichtete Traumschiff für Sport- und Vergnügungsfahrten von Fiat-Unternehmensleiter Agnelli.**

Dagegen ist die »Happy-Botschaft« in einer anderen Meldung unnötig englisch. Es handelt sich ganz einfach und ganz deutsch um eine »gute Nachricht«.

Bilder (fotografische und sprachliche) lockern die Texte der *Bild*-Zeitung auf. Manchmal tut ein Autor zuviel des Guten und vermengt mehrere Bereiche zu einem ungenießbaren Metaphernbrei. Zwei warnende Beispiele darf ich Ihnen vorführen. In beiden geht es um Männer – um deren Äußeres und deren Innenleben. Zunächst ihr Aussehen:

> **Der fieseste Feind des Mannes: Der Bierbauch!**
>
> **Es ist ein Hügel des Grauens.**
>
> Er wächst ganz leise, zärtlich fast – wie ein guter Freund. Aber er wird zum Monster! Er ist der größte Feind des Mannes: **der Bierbauch!**
>
> Jeder Mann haßt ihn! Er hängt wie ein 5. Rad am Körper.

Im Schreibrausch hat der Autor gleich drei Bilder miteinander vermengt. Auch wenn Sie wahrscheinlich nie in der *Bild*-Zeitung zu Wort kommen werden, sollten Sie solch ein Bilder-

Labskaus nie anrichten. Der Bierbauch des Mannes ist nach Ansicht des *Bild*-Autors gleichzeitig dreierlei:

– in personaler Darstellung: Feind/Freund/Monster
– in geographischer Benennung: Hügel
– in metaphorischer Beschreibung: 5. Rad.

Durch die Mischung dieser (eigentlich witzigen) Bilder wird die Struktur des Textes gesprengt, wie ja auch durch das Mischen dreier eigentlich harmloser Substanzen (Salpeter, Schwefel, Holzkohle) die Sprengkraft des Schießpulvers entsteht.
Zur inneren Befindlichkeit der Männer weiß *Bild* folgendes zu berichten:

> **Delons Angst**
>
> **Paris** – Der graue Wolf kuscht. **Alain Delon** (57) hat in einem holländischen Dorf ein Häuschen gekauft (3 km zur Nordsee). Er tut's für Lebensgefährtin **Rosalie** (24) und Tochter **Anuschka** (2). Der Macho a. D.: „Dort lebe ich mit meinen beiden Frauen völlig inkognito. Wie ein Herr Jedermann." Aber er hat auch Angst: „Irgendwo auf der Welt sitzt schon ein Bengel, der meine Tochter eines Tages glücklich oder unglücklich machen wird – ungeheuerlich." Er kennt die Sau im Mann ...

Nehmen Sie sich an diesem Text kein Beispiel: Solche Stilbrüche sollten Sie vermeiden. Hier wird zunächst in saloppem, umgangssprachlichem Stil über einen Filmstar getratscht. Doch in diese kurze, harmlose Kolportage fährt am Schluß – wie ein Blitz aus heiterem Himmel – »die Sau im Mann«. Dieser Vulgarismus paßt nun wirklich nicht zum vorher verwendeten Stilregister.
Derartig falsche Wortwahl kann man ja noch lustig finden. Das Lachen bleibt uns jedoch im Halse stecken, wenn durch die Wahl ganz bestimmter Worte der Leser manipuliert wird. Er soll das denken, was der Autor auch denkt, aber vorsichtigerweise nicht sagt, sondern nur andeutet: insinuiert.

Über den sexueller Kontakte zu Kindern verdächtigten Showstar Michael Jackson wurde in der *Bild*-Zeitung auf der ersten Seite der Ausgabe vom 30.9.1993 ausführlich berichtet. Die Bildunterschrift zu einem dort wiedergegebenen Foto lautet:

Wer sind die beiden Knaben, die Michael Jackson mit in die Schweiz nahm? Als sie den Fotograf sehen, hebt einer abwehrend die Hand. Der Mega-Star grinst.

Auch im Text selbst (und bereits in der Schlagzeile) ist mehrfach von »zwei Knaben« die Rede:

- **Flucht mit zwei Knaben in die Schweiz**
- **an der Hand Knaben.**

Die Absicht des Verfassers ist klar. Er wählt bewußt nicht das allgemein übliche Wort »Jungen«, sondern das veraltete »Knaben« – eine klassische Insinuation. Denn der »Knabe« soll im Leser die Assoziation »Knabenliebe« oder gar »Knabenschänder« auslösen. Im Gegensatz dazu war seinerzeit im Nachrichtenmagazin FOCUS neutral von zwei »Jungen«, »kleinen Begleitern« oder »kleinen Freunden« die Rede.

Sie sehen, liebe L...., was man mit fast ausgemusterten Wörtern alles anstellen kann. »Hallo, alter Knabe!« dürfen Sie allerdings ohne Bedenken rufen – wenn Sie wollen: Es ist eine harmlose Ironie und meint bekanntlich einen sogenannten »älteren Herrn«, der wiederum (trotz des Komparativs) jünger ist als ein alter Herr...

Und jetzt zur Syntax. Daß in *Bild* die hastigsten aller deutschen Zeitungstexte zu finden sind, ist längst bekannt. Zu den unerreicht kurzen *Bild*-Sätzen gibt es sogar statistische Untersuchungen. 7% der Sätze bestehen nur aus bis zu drei Wörtern – die kürzesten Sätze in der *Frankfurter Allgemeinen Zeitung* umfassen sechs bis sieben Wörter und kommen sehr selten vor: in knapp 2% aller Fälle.

Und in *Bild* am häufigsten (21%) sind Sätze mit zehn bis zwölf Wörtern – in dem Frankfurter Blatt Sätze mit etwa 18 Wörtern. Da unser aller Goethe auch in einer solchen Statistik nicht feh-

len darf: Die in seinen Dichtungen verwendeten Sätze bestehen am häufigsten aus 30 Wörtern.
Daß die Länge oder Kürze eines Satzes nicht ohne weiteres positiv oder negativ bewertet werden kann, haben wir in mehreren Kapiteln immer wieder festgestellt: Auf den gesamten Text – auf den Kontext – kommt es an. Sie sollten also, liebe L...., von Fall zu Fall über die Länge der von Ihnen verwendeten Sätze entscheiden.
Wenn Sie zum Beispiel jemandem etwas möglichst knapp mitteilen wollen, da Sie wissen, daß Ihr Adressat sehr wenig Zeit hat, können Sie von den Kurztexten und -sätzen der *Bild*-Zeitung eine ganze Menge lernen. Denn dieses Blatt wird für sehr eilige Leser gemacht: Die Lektüre soll (und kann) etwa während einer 15minütigen Arbeitspause bewältigt werden. Sehen wir uns an, wie solche Texte funktionieren.
Alte Bekannte treffen wir wieder: die Ellipse und den Gedankenstrich. Zahlreiche *Bild*-Texte sind mit deren Hilfe konstruiert:

Von Düne begraben

London **– Ein Junge (13) baute sich in einer Düne am Strand von Angelsey (Wales) eine Höhle. Plötzlich lösten sich tonnenschwere Sandmassen, verschütteten das Kind – erstickt.**

Nur wenig wird hier durch die Ellipse eingespart: Das Partizip »erstickt« steht anstelle von »..., das erstickte« oder »es ist erstickt«. Der Gedankenstrich erfüllt nicht eine der üblichen Funktionen: eine Pause oder Ergänzung anzudeuten. Er hat hier vielmehr die Aufgabe, ersatzweise (»nonverbal« sozusagen) einen Kausalzusammenhang zu bezeichnen. In weniger skelettiertem Deutsch formuliert, würde der oben zitierte Satz lauten:

Plötzlich lösten sich tonnenschwere Sandmassen und verschütteten das Kind, so daß es erstickte.

Diesem Muster folgen zahlreiche *Bild*-Texte: Kurzer Erzählbericht, der in einer elliptisch ausgedrückten, durch Gedankenstrich angekündigten Pointe endet.

Wenige Beispiele. Ein schlüpfriges, in dem ein Relativsatz eingespart wird:

Leiche verstopfte Kanal

***Bremen* – »Da stimmt was nicht mit der Kanalisation. Das Wasser läuft nicht ab«, meldeten Bewohner des Stadtteils Gröpelingen. Dann die grausige Entdeckung: Im Kanal vor einem Abflußrohr eine tote Frau – nur mit einem Slip bekleidet.**

Und ein tödliches, in dem der Autor auf einen Konsekutivsatz verzichtet:

NBA-Star Lewis: Herztod mit 27

***Boston* – Basketballer Reggie Lewis (27) wollte nur etwas Gymnastik machen, ein paar Körbe werfen. Der Kapitän der Boston Celtics fiel um, Herzversagen – tot!**

Außerhalb der *Bild*-Zeitung würde dieselbe Nachricht den Lesern ungefähr so mitgeteilt:

NBA-Star Lewis stirbt mit 27 Jahren

Boston. Basketballer Reggie Lewis (27), Kapitän der Boston Celtics, wollte nur etwas Gymnastik machen und ein paar Körbe werfen. Doch sein Herz versagte, und er brach tot zusammen.

Bleiben wir noch eine Weile beim Tod. Ein Boulevardblatt wie *Bild* hechelt jedem Mord und Totschlag hinterher. Die Kollegen vom Fernsehen sind stets schneller. Um überhaupt noch das Interesse der durch die Rundfunk- und Fernsehsender bereits informierten Leser zu erregen, müssen die Zeitungsberichte etwas Besonderes bieten: Hintergrund und Kommentar in den anspruchsvollen Blättern – Reißerisches in den anderen.

Die *Bild*-Autoren stellen ihr Können ganz in den Dienst der (nicht unbedingt guten) Sache: Sensationen zu verkaufen oder gar in unverantwortlicher Weise zu erfinden. Doch ihr Metier beherrschen sie perfekt. Wie sie zum Beispiel in ihren Texten Spannung erzeugen, ist bemerkenswert:

> Das gerichtsmedizinische Institut in Essen. Alles weißgekachelt, 4 Grad Celsius.
>
> **3 Kinderleichen auf Edelstahltischen,** an den Zehen Zettel mit Namen, Geburtsdatum. Der Gerichtsmediziner deckt sie mit weißen Tüchern ab, spricht auf Tonband: „**Nicole,** 69 Stichwunden. In Brust, Bauch, Hals, Arme. Würgemale am Hals. **Stefan,** 24 Stichwunden. **Simone,** 20 Stichwunden."
>
> ***
>
> **Das scheußlichste Verbrechen des Jahres – 2 Mädchen (12, 14) und ein Junge (13) wurden mit 113 Messerstichen ermordet.**

Kurzsätze, Ellipsen, historisches Präsens, fingierte Rede, Glaubwürdigkeit suggerierende Zahlen: all dies trägt zum Gelingen dieses Textes bei, auch wenn wir ihn nicht mögen oder gar abstoßend finden. Auch die raffinierte Struktur dieses Textes ist Ihnen sicher nicht entgangen: Schritt für Schritt werden Sie zum grausigen Höhepunkt geführt, auf dem Ihnen das Mordsaldo – 113 Messerstiche – bekanntgegeben wird.

Insinuation durch Wortwahl haben wir bereits kennengelernt. Doch auch durch die Struktur des Textes kann ein Autor seine Unterstellungen zum Leser transportieren. In einem Bericht über die Krebserkrankung des Filmstars Sean Connery heißt es:

> Sean Connery, der Schotte mit den braunen Augen, schien den Krebs besiegt zu haben. Er drehte Filme nonstop (z. B. „Indianer Jones und der letzte Kreuzzug", „Die Jagd auf Roter Oktober", „Das Rußland Haus", etc.
>
> **Juli 1993.** Die Kehlkopf-Krankheit kehrt zurück. Connery wird in einer Schweizer Klinik ein Tumor aus dem Hals entfernt.
>
> Heute, 3 Monate später, die erste Strahlentherapie. Und wieder bleibt nur die Hoffnung...
>
> PS. Sein neuester Film startet am 11. November: Der Japan-Thriller „Die Wiege der Sonne" (mit dem Hamburger Foto-Model Tatjana Patitz). **Sean Connery trägt Schwarz. Einen schwarzen Rollkragen-Pullover.**

Der Verfasser sagt nicht, meint aber: »In seinem wohl letzten Film trägt Sean Connery Schwarz: ein böses Omen.« Ob Sie diesen Kunstgriff selber anwenden – etwa in bezug auf Ihre 92jährige Erbtante – bleibt Ihrem Geschmack überlassen: »Tante Martha sah neulich gar nicht gut aus. Sie trägt seit einiger Zeit Schwarz...«

Wenden wir uns angenehmeren Dingen zu: etwa dem Streicheln einer schönen Frau. Auch jene inhaltlich primitiven *Bild*-Texte, die den Leser zum Voyeur machen, können stilistisch gut entworfen sein. Den folgenden Bericht habe ich ausgewählt, da wir in ihm die altbewährte Triade wiederfinden:

> **Noch sanfter. Noch weicher. Noch kribbelnder.**
>
> **Fast lechzend guckt »Rambo« auf die *»Nivea«*-Haut, die nur er streicheln darf. *Jennifer Flavin* (25), seit 5 Jahren Dauer-Geliebte von *Sly Stallone* (47), cremt ihre Pfirsichhaut für die Werbung ein.**
>
> **Wir verstehen »Rambos« streichelnde Zärtlichkeit.**
>
> **»Rambo« soll ihr einen Verlobungsring angesteckt haben: Glitzerndes für 200000 Mark.**

Mit fast pornographischem Effekt wird der Blick des Betrachters zu dem »lechzenden« Rambo geführt – durch eine triadische Folge sich steigernder, gleich gebauter Satzellipsen.

Wenngleich das stilistische Geschick der *Bild*-Autoren oft beachtlich ist, läßt es vor allem in zweierlei Hinsicht zu wünschen übrig. Zum einen begnügt sich mancher Verfasser nicht mit extrem kurzen Sätzen und Ellipsen, sondern schlägt die Syntax in Stücke, die der Leser aufsammeln und wie bei einem Puzzle zusammenfügen muß:

> **Kampf-Jets, Hubschrauber und schwere Artillerie: Israel verschärft die Angriffe gegen arabische Guerilla-Stellungen im Libanon.**

Das erfolgreich zusammengesetzte Puzzle sähe dann so aus:

> **Mit Kampf-Jets, Hubschraubern und schwerer Artillerie hat Israel arabische Guerilla-Stellungen im Libanon angegriffen.**

Oder traut *Bild* seinen Lesern das Verstehen solcher Sätze mit präpositionalen Fügungen nicht mehr zu?

Überdies verleitet der unbändige Wille zu hastiger Darstellung die *Bild*-Autoren oft dazu, die zeitliche Abfolge des Berichteten in ein wahres Chaos zu stürzen und so die Regeln der Chrono-Logik zu verletzen:

Spinne biß Mutter – Arme und Beine weg

> ***Los Angeles*** **– Valerie Slimp (40), Mutter von 2 Kindern, wurde von einer kleinen braunen Spinne gebissen. Ihre allergische Reaktion war so stark, daß sie 2 Tage später ins Koma fiel. Erst nach 5 Monaten wachte sie wieder auf, ohne Arme und Beine. Blutvergiftung – sie mußte amputiert werden.**

Hier wird der Leser gezielt desinformiert. Um seine Sensationsgier zu befriedigen, wird ihm eine Schlagzeile angeboten, die ihm eine – Arme und Beine abbeißende – Monsterspinne vorgaukelt.

Aus der Perspektive eines Sensationsberichters mag ein solcher Trick ja legitim sein. Doch im Text selbst dann heillose Verwirrung zu stiften, lag dem Verfasser sicher fern. Wenn man ihm Glauben schenken darf, folgen aufeinander: Biß – allergische Reaktion – Koma – Erwachen – Blutvergiftung – Amputation.

Solcher Unsinn wird übrigens durch die Verkümmerung des Zeitensystems im Deutschen begünstigt: Nicht nur in der *Bild*-Zeitung wird dem Leser das Plusquamperfekt (die »Vorvergangenheit«) oft nicht mehr zugemutet. Leider. Manche Chance, einen Sachverhalt klar auszudrücken, wird dadurch vertan – wie auch im vorliegenden Text. Diesen hätte man nämlich so retten können:

> **... Erst nach fünf Monaten wachte sie wieder auf – ohne Arme und Beine: Wegen einer Blutvergiftung hatte man sie amputieren müssen.**

Die immer häufiger zu beobachtenden Reduzierungen im Bereich des Zeitensystems werden zu einer Verarmung der deutschen Sprache führen. Diese Entwicklung ist weit bedenklicher als die Schwächung des Flexionssystems: Sie gefährdet – im Unterschied zu jener – die Genauigkeit unserer Sprache.

Lassen Sie sich daher nicht ein schlichtes Zeitensystem aufschwatzen, das nur aus Gegenwart und Vergangenheit besteht. Das hatten die Deutschen (wie auch die Engländer) schon mal: vor über tausend Jahren. Auf die in jahrhundertelanger Bemühung entwickelten Ausdrucksmöglichkeiten sollten wir nicht verzichten.

Schauen Sie nach England: Die Flexion haben die Engländer ohne größeren Schaden fast völlig abgeschafft – doch ihr Zeitensystem immer mehr verfeinert. Es ist halt nicht immer einfach, sich bei den richtigen Anlässen aufzuregen:

> **Das ist Pedanterie, im Geringfügigen eigensinnig zu widerstreben und nicht zu gewahren, daß uns daneben ein großer Gewinn entschlüpft.**

– so Jacob Grimm, der Pionier der deutschen Sprachwissenschaft, vor 150 Jahren.

Wenn wir nun, liebe L . . . ., unsere Wanderung durch den deutschen Blätterwald gemeinsam fortsetzen, sollten wir nicht pedantisch – wie im Verlauf eines Waldlehrpfades – vor jeder Monokultur stehenbleiben und fachsimpeln. Ich möchte Sie lieber zur Betrachtung eines Mischwaldes einladen, in dem prachtvolle Wipfel, aber auch Krüppelhölzer zu besichtigen sind.

Wir werden nämlich sehen, daß – abgesehen von der *Bild*-Zeitung und vielleicht vom SPIEGEL – die deutschen Blätter nicht ein stilistisches Eigenprofil zeigen, das ihre Beiträge unverwechselbar machen würde. Sprachlichen Untiefen begegnen wir mehr oder weniger häufig in allen deutschen Zeitungen und Zeitschriften: großen und kleinen, lokalen und überregionalen.

TOTENGRÄBER DER FLEXION

Doch bevor wir die stilistischen Merkwürdigkeiten des deutschen Blätterwaldes in Augenschein nehmen, besichtigen wir ausnahmsweise (und nur kurz) einige grammatische – weil sie so häufig vorkommen.

Ich führe Sie zu einer sprachlichen Lichtung, wo zahlreiche Journalisten im Begriff sind, der seit langem kränkelnden deutschen Flexion und der ebenfalls siechen Kongruenz eigenhändig ein Doppelgrab zu schaufeln.

Einer dieser Totengräber gab in einer Lokalzeitung bekannt:

Auf die Reps setzt keiner

> **Daß sich keine der großen Volksparteien von den 50 Stimmen, über die die Republikaner und die SED-Nachfolgepartei PDS in der Bundesversammlung verfügen, unterstützen lassen, gilt als sicher.**

Distanzieren Sie sich von derartigen Ungereimtheiten, indem Sie den Singular sowohl für das Subjekt als auch für das Prädikat verwenden – also die traditionelle Kongruenz beachten:

> **Daß sich keine der großen Volksparteien von den 50 Stimmen ... unterstützen läßt, gilt als sicher.**

Solche Schlamperei kann nicht nur ein Schönheitsfehler sein, sondern ein tödlicher Kunstfehler, wenn sie das prompte Verständnis des Textes verhindert. So etwas war zum Beispiel in der WOCHE zu lesen:

> **Sie können schließlich mit anderen Lesern und Zuschauern Kontakt aufnehmen, die ein Thema ebenfalls interessieren.**

»Interessiert«, bitte, werter Autor – in Übereinstimmung (Kongruenz eben) mit dem Subjekt »Thema«.

Gelegentlich kann ein grammatischer Fehler logisch überzeugender sein als die richtige Form:

> **Anwohner verständigten die Polizei, die den Leblosen im Wohnzimmer vorfanden.**

Da nach solchen Unglücksfällen oder Verbrechen stets zwei oder mehr Polizisten erscheinen, ist der falsche Plural »fanden« eigentlich richtig – im Englischen ist eine derartige Konstruktion übrigens regelgerecht. Auf der Insel »sind« die Polizei hinter Ihnen her: »The police are after you.«

Am Totenbett der Kongruenz erfüllt lediglich die *Frankfurter Allgemeine Zeitung* die verunsicherten Umstehenden mit Hoffnung. In einer Schlagzeile zu einem Bericht über verfallende römische Statuen wurde trotzig verkündet:

Marmor, Stein und Bronze brechen

So wird nach 30 Jahren die gräßliche Inkongruenz im Refrain eines seinerzeit erfolgreichen Schlagers beseitigt. Vielleicht erinnern Sie sich, liebe L....:

Marmor, Stein und Eisen bricht,
Aber unsere Liebe nicht.

Das weit verbreitete Unbehagen an der deutschen Flexion offenbart sich auch in der Presse. Selbst in den seriösesten Blättern sind zahlreiche Anzeichen des Flexionsverfalls zu beobachten. Auch wenn wir diesen bedauern mögen: Er wird sich fortsetzen und im Deutschen zu einer ähnlichen Verminderung des Formenbestandes führen wie im Englischen. Die Benutzer einer jeden reich flektierenden Sprache neigen nämlich stets zu derartiger Vereinfachung.

Im Deutschen führt solche Bequemlichkeit allgemein zu einem nachlässigen Umgang mit den Flexionsformen und speziell zum Tod des Genitivs. Dieser ungeliebte Fall ist ja in der Umgangssprache weitgehend ersetzt durch Fügungen mit dem Dativ oder mit der Präposition »von«. Statt »das Zimmer meines Freundes« also: »meinem Freund sein Zimmer« oder »das Zimmer von meinem Freund«.

Kaum zu glauben, daß solche Vereinfachungen und Unsicherheiten auch in journalistischen Texten häufig zu beobachten sind. Genießen Sie einige Kostproben, aus allen möglichen Zeitungen entnommen.

Als Horsd'œuvre empfehle ich einige Variationen über den Genitiv. In der *Frankfurter Allgemeinen Zeitung* wurde angeboten:

> **Im Storsjö lebt ein Ungeheuer, wohl ein Bruder von dem berühmten Monster im schottischen Loch Ness.**

Und ebenfalls dort gereicht:

> **Vielleicht finden die Alteigentümer irgendeinen Käufer, der an die Wiederkehr von besseren Zeiten glaubt.**

Nietzsche glaubte an die ewige Wiederkehr des Gleichen – und nicht an die ewige Wiederkehr vom Gleichen.

In derselben Zeitung fand man statt des richtigen »Autors«:

> **Da sendet die Produktionsgesellschaft des Filmautoren und Schriftstellers Alexander Kluge ...**

Und auch in Frankfurt wird gelegentlich »wegen« mit dem Dativ konstruiert:

> **Ich werde mich hüten, den Parkwächter darauf anzusprechen. Ich lasse mir doch wegen ein paar dummen Fragen nicht meine Idylle kaputtmachen.**

In der *Rhein-Neckar-Zeitung* beschwört jemand gar »die Gefahr eines neuen Kalten Krieg«.

Immer weniger Verben werden mit einem Genitivobjekt konstruiert. Im *Mannheimer Morgen* wurde man »dem Terror der Kaninchen nicht Herr«. Und in der *Rhein-Neckar-Zeitung* »bedarf es nicht das Urteil von Psychologen«.

»Und die anderen Fälle?« werden Sie fragen. Die werden ähnlich lieblos behandelt. »Mit einem Herz aus Papier« titelte eine Lokalzeitung. Da möchte man mit dem deutschen Rockmusiker Udo Lindenberg rufen:

> **Auf dem blauen Planet**
> **Ist ja wohl alles zu spät ...**

––– auch für den Akkusativ:

– Rußland weist einen »US-Diplomat« aus.
– Gegen einen »Gastronom« wird ermittelt.
– Um einen »Kandidat« streitet man.
– Ein »Scharfschütze tötete Franzose«.

Als weitere Gänge in unserem Flexionsverfallsmenü biete ich Ihnen an: Plural und Partizipien. Die *Rhein-Neckar-Zeitung* offeriert:

Drogenmafia und Todesschwadrone liefern sich blutigen Krieg

In der ZEIT genießen wir:

Mit der Verbesserung des Busverkehrs sollen die Touristen jetzt immerhin dazu bewegt werden, auf der Insel das Auto stehen zu lassen.

Hier müßte der Autor bewogen werden, von dem regelmäßig gebildeten Partizip abzulassen. Dieses »schwache« Partizip sei aber dem Verfasser der folgenden Schlagzeile aus der RHEINPFALZ empfohlen:

Zwölfjähriger Junge von drei Mitschülern im Klassenzimmer an „Galgen" aufgehangen

Es wäre gewiß kein schöner Zug von Ihnen, liebe L...., wenn Sie mithelfen sollten, der deutschen Flexion und Kongruenz das Grab zu schaufeln. Doch fatal wird solche Tätigkeit erst, wenn sie Mißverständnisse hervorruft – wie im folgenden Beispiel, das ich Ihnen als Dessert anbiete. In der ZEIT schrieb der belesene Fritz J. Raddatz über einen Tagebuchsatz Thomas Manns:

Wie der frühere Satz nach dem Versagen im Ehebette »Wie wäre es gewesen, hätte ein Knabe vorgelegen« ja ein Sach-Wort benutzt (vorlegen läßt man sich gemeinhin Forellen oder Akten), so verrät auch hier ein Kommando-Vokabular die Flucht ins Verdinglichte...

Thomas Mann hat nicht daran gedacht, daß man ihm eventuell einen Knaben – wie eine Forelle oder Akte – vorgelegt hätte. Er meint vielmehr: Ein Knabe hätte – wie ein Fall – vorliegen können. Dieses kleine, doch groteske Mißverständnis habe ich Ihnen vorgelegt, um zu zeigen, daß hier eine Verwechslung zwischen dem intransitiven Verb und dem von ihm abgeleiteten transitiven Verb vorliegt.

Fazit: Auch in den gebildeten Ständen hat die Beherrschung der Flexion deutlich nachgelassen.

»LAUTER LAUTE LOBLIEDER«

Wir verlassen die Lichtung und betreten den deutschen Blätterwald, um dessen stilistische Besonderheiten zu erkunden. Dort ist es manchmal zum Fürchten dunkel. Merkwürdiges Wortgeräusch dringt an unser Ohr:

> **Zum anderen trat das Erschrecken zutage, das daraus folgte, daß da ein Kandidat für das Bundespräsidentenamt, das sich wie eine Kuppel über den als herrschend anerkannten Ansichten der Bundesrepublik, kurz gesagt, über ihrem Konformismus wölbt, sich auf eine unbefangene Weise äußerte: vielleicht nicht immer in letzter Geschliffenheit – das wurde dann zum Hilfsargument –, aber im Widerspruch zum Verfestigt-Überkommenen.**

Diesen Text sollten Sie laut lesen. Nur so erschließt sich Ihnen die volle Schönheit seines im *Das* schwelgenden Klangs. (Auf die Syntax komme ich zurück: Markieren Sie daher diese Seite ausnahmsweise durch ein Eselsohr.) Dieser Satz wälzt sich uns entgegen wie Lewis Carrolls monströser Jabberwock:

> **Da kam verschnoff der Zipferlak**
> **Mit Flammenlefze angewackt**
> **Und gurgt' in seiner Gier.**

Stellen Sie sich (wie der Ritter in Carrolls Nonsense-Gedicht) dem Ungeheuer tapfer in den Weg und schlagen ihm den Kopf ab:

> **Mit eins! und zwei! und bis aufs Bein!**
> **Die biffe Klinge ritscheropf!**
> **Trennt er vom Hals den toten Kopf...**
> *(Übs. v. Chr. Enzensberger)*

Der Leser kämpft gegen ein Satzungetüm

Nehmen Sie also fürs erste dem Text seine klangliche Scheußlichkeit – etwa auf folgende Weise:

Zum anderen erschrak man über einen Kandidaten für das Bundespräsidentenamt, der sich unbefangen, vielleicht nicht immer sehr geschliffen äußerte...

Daß man bereits in einem einzigen Wort erfolgreich Mißklang mit Unklarheit kombinieren kann, zeigt der folgende Satz aus dem Wirtschaftsteil derselben Zeitung:

Ob es nun die tiefstreichende Rezession der Nachkriegszeit wird oder nicht...

Ob es sich nun bei diesem kakophonischen Adjektiv um »tiefstreichend« oder um »tiefst-reichend« handelt, wird dem Leser nicht sofort deutlich. Die »schlimmste« Rezession, schlicht und klar formuliert, wäre ihm wohl lieber gewesen.

Doch gelegentlich sind auch schöne Klänge im deutschen Blätterwald zu hören. Aus dem *Mannheimer Morgen* schallt es:

Der Dino brüllt im Kino

So feiert der gute alte Reim fröhliche Urständ – als herrlich alberne Beschreibung von Steven Spielbergs Saurier-Film *Jurassic Park*.

Nun raten Sie, in welcher Zeitung diese – ebenfalls reimende, ebenso alberne – kalauernde Schlagzeile erschien:

> **Die deutschen Hochseesegler gewinnen zum viertenmal den Admiral's Cup:**
> ***Dank der kleinen »Pinta« zum Feiern in die Pinte***

Im *Hamburger Abendblatt* meinen Sie? Falsch. In der durchaus binnenländisch orientierten *Frankfurter Allgemeinen Zeitung* war dieses feuchte Wortspiel zu lesen.

Solche gereimten Wortspiele sind in der deutschen Presse nur selten. Doch fast in jedem Blatt, fast in jeder Ausgabe frönt jemand dem Spiel mit den gleich anlautenden Wörtern: der Alliteration. Nicht nur eine Mode ist dieser Kunstgriff. Er hat manchen Journalisten süchtig gemacht.

Mehr oder weniger heftig alliteriert wird seit der Antike: bei den Römern und Romanen weniger, bei den Germanen mehr. Letztere erhoben die Alliteration in ihrer Stabreimdichtung sogar zum metrischen Prinzip.

Heute ist sie willkommenes Mittel, zwei oder mehr Begriffe klanglich miteinander zu verbinden. Mehr noch: Oft werden so mehrere Texte auf einer Seite, ja auf mehreren Seiten verknüpft. Dieses Verfahren kann den Leser bei der Lektüre unterstützen – oder ihn irreführen.

Alliteration kann allerdings einem Verfasser auch unterlaufen. Solche Zufälligkeit wirkt leicht irritierend. In einem ZEIT-Artikel über Boris Jelzin alliterierte es gewaltig:

> ***W*ir müssen *w*enigstens *w*eiter *w*issen, *w*as gespielt *w*ird – *w*as so viele etwa zu Beginn der jugoslawischen Krise nicht *w*ußten.**

Dies wirkt komisch. Genauso erheiternd wäre ein unbeabsichtigter Reim – etwa in der Rede eines Betriebsratsvorsitzenden: »Liebe Kolleginnen und Kollegen, der Anlaß kommt mir sehr

gelegen ...«. (In einer Büttenrede verhält es sich umgekehrt: Dort sind die Reime beabsichtigt, aber nicht immer komisch.)
Und auch im folgenden Beispiel, einer Besprechung von Martin Walsers neuem Roman in der ZEIT, alliteriert der Text unter der Hand so vor sich hin:

Wenn in Walsers Welt wütend gelitten wird, dann doch nicht an einer ... gesellschaftlichen Verfassung ...

Hätte ich diesen Text verfaßt, würde ich mich natürlich auf eine Wagner-Parodie hinausreden, mit der die Aufgeregtheit Walserscher Romanfiguren karikiert werden soll.
Mit voller Absicht und Berechtigung persifliert ein anderer Autor Wagners Alliterationssucht in der folgenden Schlagzeile zu seinem Bericht über eine Aufführung der *Meistersinger* (in der *Frankfurter Allgemeinen Zeitung* zu finden):

Lauter laute Loblieder

Überhaupt: Unter drei alliterierenden Wörtern tut's heutzutage kaum noch ein Journalist. Sei es im nadelstreifigen Wirtschaftsteil der *Frankfurter Allgemeinen Zeitung*:

Nähe nutzt nichts

Sei es in der biederen Postille *Bild der Frau*, in der kürzlich jemand flehte: »Laßt alle Läden länger auf!«
In der ZEIT erzählte man »Von Bibern, Bäumen und Bayern«, und in der *Frankfurter Allgemeinen Zeitung* fand man »Warme Worte für das Waidwerk« – oder auch »Nach dem Weltruhm Wahn und Wodka«. Apropos Wodka: Mancher Autor steigert sich in einen Alliterationsrausch. Vier alliterierende Wörter müssen dann her (im *Mannheimer Morgen*):

Kaviar und Krimsekt,
Kameras und Kalaschnikows

Russische Straßenhändler suchen Neu Delhi heim

Die ohnehin narkotische Wirkung üppiger Alliteration läßt sich noch steigern, indem man weitere rhetorische Tricks hinzufügt

– wie ja auch der Drogensüchtige oft zu einer Mischung aus Rauschgift und Tabletten greift. Die Schlagzeile zu einem Bericht über die Gauweiler-Affäre in der *Frankfurter Allgemeinen Zeitung* lautete:

Ein Minister, der makeln möchte, ist ein Makel als Minister

Sie fragen, liebe L...., warum solch ein Text bei Ihnen eine gewisse Benommenheit hervorruft. Weil der Autor Sie mit einer Ihnen ungewohnten Mixtur traktiert. Sie enthält:

- 3, scheinbar 5 alliterierende Wörter (nur betonte Silben alliterieren),
- 1 Wortspiel,
- 1 Chiasmus (Wörter werden über Kreuz wiederholt: Minister – makeln – Makel – Minister).

Solche rhetorische Überdosierung tut einem Sachtext nicht gut: Zuviel des Guten gewinnt keinen Leser, sondern stößt ihn zurück.

Allerdings kann ein Rausch auch ganz angenehm sein. Die berauschendste aller Schlagzeilen fand ich im Reiseblatt der *Frankfurter Allgemeinen Zeitung*:

Blauen Blitzen gleich
flitzen Eisvögel vorüber

Ein Genuß ohne Reue: Die Poesie der irischen Landschaft wird alliterierend und reimend vermittelt – ohne Überladung und ohne Krampf.

Manchmal gewinnt die Alliteration in einem Text die Oberhand über die Information: In solchen Fällen wird der Leser nicht nur irritiert, sondern ohne Absicht des Autors irregeführt. Ein Beispiel aus der WOCHE. Dort wird über ein gemeinsames Abendessen vier führender VW- und Opel-Manager gerätselt:

Haben die vier bei Roastbeef und Riesling ihren erbitterten Streit... begraben?

Daß die vier Riesling getrunken haben, ist wohl weniger das Ergebnis einer Nachforschung als das eines unstillbaren Alliterationsbedürfnisses. Die Herrschaften haben vielleicht einen Grauburgunder getrunken – doch der verträgt sich alliterierend nicht mit Roastbeef.

Schließlich wird die Alliteration von manchem Magazin-Redakteur als ein Bindemittel genutzt, durch das die einzelnen Abbildungen oder Textpassagen eines Berichts zusammengehalten werden. Darüber freut sich der Leser: Die Alliteration dient ihm als nützliche Orientierungshilfe.

Derart einheitsstiftend wurde das Verfahren in einer ZEIT-Reportage über den »Basketball-Boom auf Deutschlands Straßen« eingesetzt. Dem Titel »Kult, Körbe und Kommerz« folgten auf mehreren Seiten jeweils alliterierende, gleich konstruierte Zwischentitel:

- **ACTION AUF ASPHALT**
- **HOCHGEFÜHL IM HINTERHOF**
- **ZENSUREN FÜR DIE ZOCKER**
- **KUNST UNTERM KORB.**

Dieses Prinzip wird im *Frankfurter-Allgemeine-Magazin* mit noch größerer Raffinesse angewendet. In einer Reportage über das Berliner Scheunenviertel zum Beispiel werden die Bildlegenden jeweils durch alliterierende, gleichgebaute Ellipsen eingeleitet und miteinander verbunden:

- **Widersinn und Wiederkehr: Zwei kleine Jungen, jüdische Einwohner aus Warschau, sind auf den Eingang des Hauses Mulackstraße 37 projiziert.**
- **Lesekultur und Lebenskunst: In der Grenadierstraße 7, heute Almstadtstraße 43, verkaufte einst ein Buchhändler Schriften in hebräischer Sprache.**
- **Gegenwart und Gegenwelt: Wie eine Unterbrechung des funktionalen Lebens wirkt das alte Haus in der Almstadtstraße, Ecke Schendelgasse, inmitten der Plattenarchitektur.**

Den lichten, sorgsam gehegten Hochwald verlassen wir nun, liebe L...., und begeben uns in eher düstere Bereiche. Etwas mühsam kriechen wir dort durch Wortgestrüpp und Satzdikkichte.

»DIE RASENDE NUTTE«

Die Wahl des richtigen Wortes erfordert Sorgfalt. Diese lassen selbst journalistische Profis häufig vermissen. In Sachtexten ist ein Wort falsch gewählt, wenn es
- überflüssig (redundant),
- mißverständlich,
- stilistisch unpassend,
- nicht idiomatisch,
- veraltet (obsolet),
- unnötig neu

ist. Nicht in diese Fallen zu tappen fällt uns allen schwer. Sehen wir uns einige kleinere oder größere Unfälle an, in die mehr oder weniger erfahrene Journalisten verwickelt waren.

Zunächst zwei Beispiele für zeilenschindende Redundanzen. In der *Rhein-Neckar-Zeitung* las man über die Gedichte des Nobelpreisträgers Derek Walcott:

> **In seinem Werk verbinden sich Elemente aus westindischen, afrikanischen und westlichen Kulturen zu einer einzigartigen, ja beispiellosen Synthese.**

Können Sie mir den Unterschied zwischen »einzigartig« und »beispiellos« verraten? Ich erkenne keinen – zumindest nicht in solch einem positiv gemeinten Satz.

Ähnlich Überflüssiges schreibt der Autor einer in der ZEIT veröffentlichten Buchbesprechung: Von einem »verschlüsselten Schlüsselroman« ist dort die Rede. Redundant ist diese Formulierung. In einem Schlüsselroman werden Ereignisse und Personen stets verschlüsselt. Eine Biographie ist ja auch immer biographisch – überflüssig, es zu sagen.

Schreckliche Mißverständnisse können durch die Wahl eines falschen Wortes entstehen:

Beim Kinderkochen ging es hoch her

Bitte entrüsten Sie sich nicht: Der (von der *Rhein-Neckar-Zeitung* beobachtete) Kannibalismus ist in Wirklichkeit gar keiner. Bei einem Ferienspaß wurden die lieben Kleinen nicht gekocht, sondern kochten selbst – »Blätterteigüberraschungen«, wie es in schönstem, kindergemäßem Deutsch heißt.

Etwas peinlich ist der vermeintliche »Standortvorteil von Sylt für Hautkranke«, von dem unlängst in der *Frankfurter Allgemeinen Zeitung* die Rede war. Wenn sich der Autor nicht von dem herrlichen »Standortvorteil« trennen will, sollte er ihn »für die Behandlung von Hautkrankheiten« nutzen.

Die Häufigkeit stilistisch unpassender Wortwahl kann einen sensiblen Zeitungsleser in tiefe Depression versinken lassen. Denn daß man zwei völlig unterschiedliche Stilebenen zusammenbringt, ist kein Kavaliersdelikt. Sie fragen ja auch nicht in einem erstklassigen Restaurant den Ober nach dem »Klo«, weil Ihnen »kotzübel« ist. Sie erkundigen sich nach der »Toilette«, weil Sie sich »unwohl« fühlen.

So etwas geht eben nicht an:

– »Lassen die Amerikaner Somalia sausen?« *(Mannheimer Morgen)*

– »Hamburgs Thalia-Theater ... vergeigt Shakespeare« *(Frankfurter Allgemeine Zeitung)*

– »Bedrohte Art – PEN erinnert an inhaftierte Autoren« (dpa-Meldung).

Frage zur letzten Schlagzeile: Sind Autoren Pflanzen oder Tiere? Nur weil einige von ihnen Mimosen oder bunte Vögel sind, sollte man nicht derart verallgemeinern. Ernsthaft: Ein infamer Stilbruch.

Ähnlich entlarvend die Verwendung der Umgangssprache in einer ansonsten standardsprachlichen Glosse über die Kreuzberger Szene (*Frankfurter Allgemeine Zeitung*). Welch feiner Unterschied: »Autonome sitzen auf dem Bürgersteig…«. Doch »ein paar türkische Jungs« sitzen nicht auf ihren Fahrrädern, sondern haben »den Hintern immer im Sattel«. Sie sehen, liebe L…., was man mit einem bewußten, klitzekleinen Stilbruch bewirken kann.

Da ist das folgende Beispiel (aus der *Rhein-Neckar-Zeitung*) harmloser, wenngleich vulgärer. In einer Besprechung des Jesus-Romans von Gore Vidal konnte man lesen:

> **Nun kommt aus Amerika, wo sich schon vor Jahren eine rasende Nutte den Namen »Madonna« zugelegt hat, wieder ein anderer Jesus auf uns zu…**

Warum hier ein Stilbruch vorliegt, brauche ich wohl nicht zu erklären.

Unidiomatischer, das heißt: nicht den üblichen Vereinbarungen folgender Wortgebrauch findet sich in Zeitungen aller Couleur. Arbeiten wir uns ganz schnell durch einige Beispiele, die einen schlampigen Umgang mit der Sprache verraten.

Da werden in der *Süddeutschen Zeitung* Stühle »verrutscht« – statt »verrückt«. Die HÖRZU präsentiert als Teilnehmer an einer Talkshow einige Herren im »gehobenen Alter«: Der eine oder andere mag zwar eine »gehobene Position« bekleiden – doch sie alle befinden sich in einem »fortgeschrittenen« Alter. Laut *Mannheimer Morgen* stellte die Polizei fünf Granaten »fest« – »sicher« wäre hier angebracht.

Öfter werden Teile zweier idiomatischer Formeln miteinander vermengt – »kontaminiert« sagen die Sprachwissenschaftler. In der *Rhein-Neckar-Zeitung* wurde berichtet:

> **Ein schlimmes ausländerfeindliches Verhalten wurde… von etwa zwei 14 Jahre alten Jugendlichen begangen, als sie einen neun Jahre alten in Sri Lanka geborenen Jungen beschimpften und mißhandelten.**

Hier sehen Sie deutlich, was im Kopf des unglückseligen Verfassers vor sich ging, als er den obigen Satz schrieb. Er dachte zunächst an ein »Verhalten« – das man bekanntlich »zeigt« oder »an den Tag legt«. Diese Wendung wurde dann überlagert von der »Tat« – die man ja begeht. Aus dieser Konfusion entsteht daraufhin das erstaunliche »Begehen« eines Verhaltens. (Im übrigen sind »zwei etwa 14 Jahre alte Jugendliche« gemeint – nicht »etwa zwei«.)

Selbst in den obersten Rängen der deutschen Presse wird so geschludert. »Auch der Bundesanwaltschaft ... ist eine Übereilung unterlaufen«, meinte unlängst ein Leitartikler in der *Frankfurter Allgemeinen Zeitung*. Ihm ist (offenbar beim übereilten Schreiben) dieser kontaminierende Fehler unterlaufen. Mit etwas mehr Sorgfalt hätte er sich zwischen zwei Versionen entscheiden können:

Die Bundesanwaltschaft handelte übereilt.

Oder umständlicher:

Der Bundesanwaltschaft unterlief der Fehler, übereilt zu handeln.

Veraltete Wörter sind mir auf meinen Streifzügen durch den deutschen Blätterwald selten begegnet. (Ein Autor in der *Frankfurter Allgemeinen Zeitung* wollte partout nicht »informieren«, sondern »ins Benehmen setzen«.) Daß man alte Wörter fallenläßt, ist einerseits ein ganz normaler Vorgang, den wir akzeptieren müssen. Andererseits stirbt mit jedem Wort eine Ausdrucksmöglichkeit: Die Sprache wird jedesmal ein wenig ärmer. Daß diese Verluste durch Neuzugänge ausgeglichen werden – daß unsere Sprache durch Neues stets bereichert wird, darf man bezweifeln.

Denken Sie nur an das unselige, überflüssige »andenken«: Es kann immer durch das bewährte »erwägen« ersetzt werden. Bis jetzt hat dieses echte »Unwort« von der Duden-Redaktion seinen Segen nicht bekommen. Hoffentlich bleibt's dabei. (Warum fehlt es eigentlich – wie auch das gräßliche »Standbein« – in Eckhard Henscheids vorzüglicher »Dummdeutsch«-Sammlung?)

Denken Sie auch an alles »-mäßige« und verwenden Sie es sparsam oder gar nicht. Zu dessen syntaktischen Risiken und Nebenwirkungen lesen Sie die folgenden Textbeilagen (aus der *Rhein-Neckar-Zeitung*):

Gerade mal jobmäßig nicht im Einsatz
– und dann das.

Und noch fürchterlicher:

Die Beschäftigten sollen sich hier ausgleichsportmäßig fit halten.

Solches Wortdickicht wäre leicht zu vermeiden gewesen:

Die Beschäftigten sollen sich hier durch Ausgleichssport fit halten.

»BODYBUILDERISCH«

Sie erinnern sich, liebe L....: Fremdwörter sind willkommen, wenn sie einen Sachverhalt knapper und klarer ausdrücken als ihre deutsche Entsprechung und wenn sie einen Text nicht überschwemmen.

Sind sie einmal bei uns seßhaft geworden, sind sie jedoch noch lange nicht heimisch: Wir wissen oft nicht, wie wir sie schreiben, aussprechen, flektieren sollen. Wir schreiben »Friseur« – wie die Franzosen, aber »Büro« – nach deutscher Gepflogenheit. Wir schreiben »Ingenieur« – doch wie sprechen Sie es aus? »Inschenschöhr« hört man zum Beispiel.

Noch schwieriger die Flexion. Essen Sie lieber »Scampi« – wie die Italiener, oder »Scampis« – wie die meisten deutschen Gastwirte vorschlagen?

»Ganove ist ein wichtiger Mafiosi«, meldete die *Rhein-Neckar-Zeitung* in ähnlicher Unkenntnis der italienischen Grammatik. »Auch Spaghettis werden dünner«, gab dasselbe Blatt kürzlich bekannt – die Italiener ziehen »Spaghetti« vor.

Und nach welchen Regeln behandeln wir die zahlreichen Fremdwörter aus dem Englischen, dem die Flexion ja weitgehend abhanden gekommen ist? Ganz einfach: Man tut so, als ob das englische Wort ein deutsches sei und behandelt es entsprechend. Ein seltsames Kauderwelsch ist oft die Folge, das ich Ihnen nicht zur Nachahmung empfehle. Um solche Flickschusterei hat sich mehrfach die HÖRZU verdient gemacht. Einen Film des Blödelbarden Otto Waalkes kündigte sie so an:

> **Otto erlebt haarsträubende Dinge mit Gaunern und Banditen – bis alles happy endet.**

Ähnlich die Ankündigung eines »US-Actionkrimis«:

> **Lottie ist Polizistin im Sitten- und Rauschgiftdezernat und arbeitet undercover als Prostituierte.**

Warum kann Ottos Film nicht »glücklich« enden – und warum kann Lottie nicht als »verdeckte Ermittlerin« auf den Strich gehen?

Manche Fremdwörter jedoch werden unverzüglich eingebürgert: »safer sex« zum Beispiel. Dabei geht es merkwürdig zu. Der englische Komparativ »safer« wird im Deutschen umgedeutet zur nicht gesteigerten maskulinen Form »safer Sex« (wie »sicherer Sex«), die dann wie andere deutsche Adjektive flektiert wird. Somit gibt es »safen Sex«, man stellt die Forderung nach »safem Sex« und so weiter. Davon profitiert inzwischen auch der »unsafe Sex« – im SPIEGEL zum Beispiel:

> **Das bislang von vielen Studien belegte geringe Ansteckungsrisiko von Männern bei unsafem Sex wird von der Pariser Arbeitsgruppe nicht bestätigt.**

Und was halten Sie von einer »bodybuilderisch durchtrainierten« Filmschauspielerin, wie man in demselben Nachrichtenmagazin lesen konnte?

Vielleicht bedarf es lediglich einer gewissen Zeit, bis wir uns an solche Zwitter gewöhnt haben. Niemand nimmt wohl noch Anstoß an dem »cleveren« Ministerpräsidenten Lothar Späth, der von seinen Schwaben liebevoll – und sprachlich kühn – das »Cleverle« genannt wurde.

Bei anderen Importen aus England dauert die formale Einbürgerung länger. Essen Sie lieber »Keks« – wie die Engländer (aus »cakes«), oder »Kekse« – auf deutsche Art? Mögen Sie »Drops«? »Dropse« wohl weniger.

Doch als kürzlich jener unglückliche englische Abgeordnete – laut dpa – »bei einer autoerotischen Praxis« starb, war sich die deutsche Presse einig: Er trug »Strapse« – nicht »Straps«, die in England übrigens »Riemen« oder »Bänder« bedeuten (»Strapse« heißen bei den Briten »suspenders«). In der *Frankfurter Allgemeinen Zeitung* trug der Pechvogel allerdings rein deutsche »Strumpfhalter«.

Sie wollen auch noch wissen, was »autoerotische Praxis« bedeutet? Prüde, wie man nun einmal ist, übersetze ich hier lediglich die griechischen Grundwörter: »autos« (selbst), »erotikos« (die Liebe betreffend), »praxis« (Tätigkeit).

Gleich, ob die Fremdwörter ins Deutsche formal integriert sind oder nicht – die Verständlichkeit eines Textes hängt nicht vom Grad solcher Integration ab, sondern von der Häufigkeit ihrer Verwendung.

Wenn die Fans des FC Bayern München ihre völlig unbayerische, original englische Vereinshymne »Forever Number One« singen, verstehen vielleicht nicht alle deren Text zur Gänze. Er wird ihnen ja auf der Anzeigetafel des Stadions noch nicht einmal richtig vorbuchstabiert (»then« statt »than«):

BAYERN-HYMNE »FOREVER NUMBER ONE«
REFRAIN: FC BAYERN – FOREVER NUMBER ONE
YOU CAN CALL US THE CHAMPIONS OF THE WORLD
FC BAYERN – FOREVER NUMBER ONE
WE'RE MUCH BETTER THEN THE REST

Solches Teilverständnis muß man wohl in Kauf nehmen. Die Katholiken unter Ihnen werden sich daran erinnern, daß sie sich wacker am Singen des lateinischen Hochamts beteiligten, auch wenn ihnen die Bedeutung manchen Textes dunkel blieb.

Vorläufig wird noch darauf verzichtet, in deutschen Zeitungen englische Texte zu drucken. Doch besonders im Bereich der Popmusik hat man diese sauberste aller Lösungen fast schon erreicht. Dort hat der Anglokokkus zu verheerenden Folgen geführt. Der von ihm befallene Text ist nur noch Eingeweihten verständlich, die überwältigende Mehrheit der Leser wird ausgesperrt.

Dies ist eigentlich nicht das Ziel einer sich an das allgemeine Publikum richtenden Zeitung. Versuchen Sie etwa, folgenden Text (aus der *Rhein-Neckar-Zeitung*) zu verstehen. Ohne ein englisch-deutsches Wörterbuch und ohne Grundkenntnisse des Popmusikjargons wird dies kaum möglich sein:

Hip-Hop-Party mit Beigeschmack

Die Heidelberger Hip Hopper „Advanced Chemistry" hatten beim Heimspiel im vollbesetzten „Schwimmbad Musik Club" mit ihrer angestammten Posse keine Probleme: Nach dem monumentalen Intro brauchte Torch bloß im Stile eines postmodernen Sportlehrers das Stichwort „Alle, die Party machen wollen – hoch!" zu geben, und die „Schwimmbad"-Arena verwandelte sich in ein durcheinanderspringendes Tollhaus. „Wo ist die Weststadt-Posse? Wo ist Hendesse? Wo Neuenheim?" fragten die drei Rapper Torch, Tony L. und Linguist nach und nach alle Stadtteile ihrer Heimatstadt ab, bevor sie mit einem „Respekt an meine Mutter" jeweils ihren komplett erschienenen Eltern Reverenz erwiesen (was in diesem Metier im Zusammenhang mit Müttern eher die Ausnahme ist).

Kaum waren diese Formalitäten erledigt stiegen „AC", die live von DJ Suicide an den Plattenspielern und Drummer Daniel Gerth unterstützt wurden, voll ein: Das grandiose „Stilkontrabluff" von der neuen Maxi war der Opener zu einer furiosen Hip -Hop-Par-

> ty, die mit dem groovig-angejazzten „Welcher Pfad führt zur Geschichte", dem Hardcore-Stück „An das Publikum" – frei nach Kurt Tucholsky – und dem mittlerweile aus Funk und Fernsehen gut bekannten „Fremd im eigenen Land" ihre Höhepunkte setzte.

Wenigstens zwei dunkle Stellen dieses Textes will ich für Sie rasch erhellen. »Posse« hat hier nichts mit dem guten alten »Possenspiel« zu tun. Was es in der Popszene bedeutet, stand – welch göttliche Fügung! – einen Tag später in der *Frankfurter Allgemeinen Zeitung.* Eine Kritik des Films *Posse* enthielt die Erklärung: »Im Slang der schwarzen Hip-Hop-Szene steht das Wort ganz allgemein für Clique oder Gang.« Und hinter »DJ Suicide« verbirgt sich nicht, wie Sie vielleicht vermuten, ein Herr D. J. Suicide, sondern ein D(isc)-J(ockey) namens »Selbstmord«.

Daß einer der Musiker »Linguist« heißt, setzt dieser Posse die Krone auf.

»AZUBIS IN ALLER MUNDE«

Auch Journalisten verschönern gern ihre Texte durch sprachliche Bilder. Diese können zweckmäßig gewählt oder unpassend sein, klar oder mißverständlich. Zunächst einige Beispiele, über die wir uns, liebe L . . . ., gemeinsam freuen.

Wenn eine Regierungskoalition aus SPD, FDP und Bündnis 90/Die Grünen in eine Krise gerät, kann man dies auch so ausdrücken: Das wäre korrekt, aber umständlich und langweilig. Man kann es kürzer und farbiger tun und das Bild der »Ampel« verwenden – wie die *Frankfurter Allgemeine Zeitung*:

Brandenburgs Ampelkoalition in der Krise

Das ist griffig, aber auch nicht berauschend. Da überrascht uns die kleine *Rhein-Neckar-Zeitung* am gleichen Tag mit der Frage:

Geht die „Ampel" aus?

Der Verfasser dieser Schlagzeile hat die Möglichkeiten genutzt, die das Bild der »Ampel« bietet. Mit seiner Frage »bleibt er« sozusagen »im Bild«.

Gelegentlich baut ein Autor gar ein Bild liebevoll zu einem Panorama aus. Genießen Sie – Vorsicht: keine Ironie! – den in der *Frankfurter Allgemeinen Zeitung* veröffentlichten Bericht über die Krise des Frankfurter Theaters am Turm (TAT). Er beginnt so:

TAT töten

Theaterpolitik/Main

Als in Berlin das Schiller-Theater im Sommer gekillt und im Herbst endgültig beerdigt wurde, war der Tenor auch der weinerlichsten Grabreden, daß der Ermordete an seinem Tode selbst Schuld getragen hatte. Das Haus sei schon lange vorher erstickt gewesen an seiner Wasserköpfigkeit, seinem kropfigen Apparat, seiner Unmengen von Geld verpulvernden Provinzialität ...

Hier werden geschickt alle Möglichkeiten ausgeschöpft, die eine allgemein verfügbare Metapher bietet. Zum »Tod« des Theaters gesellen sich passende Bilder: »killen«, »beerdigen«, »Grabreden«, »ersticken«, »Wasserköpfigkeit«, »kropfig«. Das sind Höhepunkte journalistischer Metaphorik.

Steigen wir nun hinab in die Niederungen. Da humpeln in endloser Folge die Standbeine durch die Redaktionen. Dort wollen wir sie auch lassen – der Worte über sie sind genug gewechselt. Für unsere Diskussion bleiben genügend andere Mißbildungen.

Wer sprachliche Bilder verwendet, setzt sie stets der Gefahr aus, daß der Leser sie in ihrer ursprünglichen Bedeutung versteht. Dies kann ungewollt komische Effekte hervorrufen. In der *Rhein-Neckar-Zeitung* las man über Diebstähle in Frankfurter Kirchen:

Die katholischen Pfarrer stöhnen unter dem Kreuz – – –

– ein neuer Kulturkampf gegen die katholische Kirche? Keineswegs:

– – – mit Vandalen, Frevlern und Langfingern –

also offenbar: Pfarrer stöhnen gemeinsam mit Vandalen etc. unter einem Kreuz (aus irgendeinem liturgischen Anlaß)? Auch falsch. Der Autor meint in Wirklichkeit:

Die katholischen Pfarrer müssen sich immer häufiger mit Vandalen, Frevlern und Langfingern herumplagen.

Es ist halt ein Kreuz mit dem Kreuz. Wo ein Pfarrer stöhnt, ist die Seele nicht fern – die Seele der Partei in diesem Fall (aus dem *Mannheimer Morgen*):

Mehr für die gequälte Seele der Partei, die noch schwer an den Wendungen der letzten Monate zu kauen hat...

Versuchen Sie nicht, sich eine kauende Seele konkret vorzustellen – Sie werden keinen Erfolg haben. Die Seele wird im folgenden Beispiel (aus der *Rhein-Neckar-Zeitung*) gar durch Elefanten malträtiert. Ein imposantes Bild:

Bei seinem letzten großen Versuch, die Elefanten noch einmal über die Alpen der aufgeworfenen Wählerseele zu führen, sucht Helmut Kohl auch den Krach mit den Liberalen.

Vielleicht ziehen Sie aber makabre Scherze vor – etwa diesen aus der *Frankfurter Allgemeinen Zeitung*:

Auch der kleine 1,3-Liter-Motor reißt mit seinen 40 kW (54 PS) keine Bäume aus.

Gott sei Dank, liebe Autofahrer. Das Ausreißen von Bäumen sollten nach wie vor die Bulldozer oder ähnliche Kraftpakete besorgen.

Auch die makabre Komik der folgenden Meldung ist nicht beabsichtigt. In derselben Zeitung berichtet ein Kritiker über den legendären amerikanischen Kunstsammler Barnes, daß er

in der Lobby seines Pariser Hotels von Kunsthändlern und Bildern geradezu erschlagen wurde.

Der arme Doktor Barnes – nur das »geradezu« hat ihm im letzten Moment das Leben gerettet.

Lebensbedrohlich auch die folgende Wendung, mit der (im *Mannheimer Morgen*) die Beliebtheit eines Universitätslehrers beschrieben wird:

Im Kollegenkreis schlug er offensichtlich ein –

– wie ein Meteorit oder eine Granate.

Harmloser, doch genauso komisch ist die Feststellung in derselben Zeitung, daß »die Azubis in aller Munde« seien. Wohl bekomm's!

Legion ist die Zahl der Bildbrüche. Auch dieser stilistische Fehler versetzt den Leser in eine vom Autor nicht beabsichtigte Heiterkeit. Als Legende zum Foto des Gitarre spielenden Frank Zappa verbreitete die dpa den erstaunlichen Text:

Frank Zappa, wie er im Herzen der Fans weiter leben wird: die Gummifinger virtuos um eine Elektro-Klampfe knotend.

Vollends absurd wird der Text, wenn dieselbe Nachrichtenagentur einen Pianisten zum »schweres Geschütz« auffahrenden »Elfenbein-Kitzler« macht:

IM KAMPF um Zuhörergunst greifen Straßenmusikanten am Stuttgarter Schloßplatz schon mal zu schwerem Geschütz, wie dieser wild entschlossene Elfenbein-Kitzler. (Foto: dpa)

Das schwere Geschütz und der sanfte Elfenbein-Kitzler – das paßt wie die berühmte Faust aufs Auge. Oder wie Dauerwurst ins Hirn (im SPIEGEL):

> **In dem knappen Jahrzehnt zwischen ... »Heimat« I und »Heimat« II haben die Bulldozer des Banalen die Fernsehlandschaft platt gemacht ..., verstopfen TV-Dauerwürste wie die »Lindenstraße« die Gehirne.**

Da fragt man sich (mit der dpa): »Wer hat da Käse verzapft?«
Manchen Autoren gelingt es, durch Verwendung ein und derselben Metapher in unterschiedlicher Funktion einen Bildbruch herbeizuführen – ein schwieriges, doch oft erfolgreiches Unternehmen. In der WOCHE konnte man lesen:

> **Auch Sentas betörende Stimme ... bringt das Eis, auf dem sich alle Sänger ständig bewegen, nicht zum Schmelzen.**

Das Eis, auf dem sich ein Künstler bewegt, ist eine Sache – das Eis, das er zum Schmelzen bringen will, eine andere. Die Kombination beider Redeweisen läßt den Verfasser einbrechen.
Wie Prosatexte allgemein, so müssen insbesondere auch die in ihnen verwendeten Bilder klar und unmittelbar verständlich sein: Daran hapert es ebenfalls häufig. Zwei einschlägige Rätsel biete ich Ihnen, liebe L.... Das erste (aus der *Rhein-Neckar-Zeitung*):

Mit Fahne gegen Wand

Falsche Lösung: Da ist irgendein Zeitgenosse mit seiner Vereinsfahne gegen eine Wand gelaufen. Richtige Lösung: Ein betrunkener Autofahrer fuhr gegen eine Hauswand.
Das zweite Rätsel (aus der *Frankfurter Allgemeinen Zeitung*):

Drei Talente, die sich beißen,
zum Biß der Seriensiegerin vereint

Falsche Lösung: Irgend etwas Hündisches. Richtige Lösung: Drei junge Schwimmtalente, die sich nicht grün sind, wollen gemeinsam die amtierende Meisterin entthronen.
Ziehen Sie aus diesen verunglückten Texten gleich mehrere Lehren:

– Bevor Sie einen von Ihnen zu verfassenden Text mit einer bildlichen Redewendung anreichern, sollten Sie prüfen, ob sich diese mit den übrigen Elementen des Satzes verträgt.
– Strapazieren Sie ein Bild nicht unnötig.
– Wenn Sie sich für die Verwendung eines Bildes entschieden haben, sollten Sie dies ohne Wenn und Aber tun und Ihren Entschluß nicht durch ein »geradezu«, »regelrecht« oder »förmlich« abschwächen.

»DER FAKT ABER . . .«

Nicht nur die Wortwahl in manchem Zeitungstext läßt zu wünschen übrig – auch die Syntax kann dem Leser häufig nicht als Vorbild dienen, sondern eher als abschreckendes Beispiel.
Bevor wir uns durch dichtes Satzgestrüpp schlagen, räumen wir lästiges Unterholz beiseite, das zu nichts nütze ist und lediglich das Verstehen der Texte verlangsamt. In der ZEIT las man:

> **Der Fakt aber, daß sich fast das gesamte Parlament so klar vom Kanzler distanzierte, ließ erkennen: Das deutsche Kaiserreich befand sich tief in einer Staatskrise.**

Das Subjekt »der Fakt« ist überflüssig. Zudem verweist es die eigentliche Aussage des Textes in einen Nebensatz. Besser wäre gewesen:

> **Daß sich fast das gesamte Parlament so klar vom Kanzler distanzierte, ließ erkennen . . .**

Hüten Sie sich also, Ihre Sätze mit solchen unsinnigen Wendungen einzuleiten:
– Der Fakt, daß . . .
– Die Tatsache, daß . . .
– Die Überlegung, daß . . .
Auch im Satzinnern sind die entsprechenden Formeln meist überflüssig:
– in der Tat,

– tatsächlich,
– faktisch.

Das rasche Verstehen eines Textes wird in verneinten Sätzen verhindert, wenn alle möglichen Satzteile und Einschübe das Negationszeichen »nicht« oder »keineswegs« vom zugehörigen Verb trennen. So etwa im ZEIT-Magazin:

Ruhige Zeiten waren die Jahre nach 1882, als die Zehn-Dinar-Goldmünze gesetzliches Zahlungsmittel in Serbien war, –

Wie bitte? Jene Kriegsjahre waren »ruhige Zeiten«? Lesen Sie bitte weiter:

– – – keineswegs. Das junge Königreich lag dauernd im Streit mit seinen Nachbarn ...

Dieser Text ist leicht zu reparieren:

Die Jahre nach 1882 ... waren keineswegs ruhige Zeiten.

Solche irreführenden Konstruktionen gibt es übrigens im Englischen seit etwa dem 17. Jahrhundert, als sich die Syntax allmählich konsolidierte – – – nicht mehr: Die Negation »not« geht dem Verb stets voraus und signalisiert so bereits frühzeitig den verneinenden Charakter des Satzes.

Dagegen müssen wir uns im Deutschen von einem Satz wie dem folgenden zum Narren halten lassen (aus der *Rhein-Neckar-Zeitung*):

Durchzuhalten war er unter der Bedingung, daß die Investoren irgendwann Licht am Ende des finanziellen Tunnels sehen wollten, nicht.

Närrisch kann man als Leser auch aus anderen Gründen werden. Oft werden uns Sätze zugemutet, in denen die reiche Flexion des Deutschen nicht zu deutlichen Aussagen genutzt wird, sondern zu mißverständlichen. Besonders häufig versäumen es Autoren, Subjekt und Objekt formal deutlich zu kennzeichnen. Über den Literatur-Guru Marcel Reich-Ranicki hieß es in der WOCHE:

Im Grund des Herzens scheut der Stubengelehrte die Öffentlichkeit, die sein Ego doch extrem begehrt.

Wer begehrt hier wen? Nach einigem Überlegen deuten wir das Relativpronomen »die« als Akkusativ, nicht als den gleichlautenden Nominativ. Der Autor meint also:

Im Grund des Herzens scheut der Stubengelehrte die Öffentlichkeit, nach der sich sein Ego doch so sehnt.

Solche Vexierspiele funktionieren auch mit Personennamen:

Helmut Kohl, dessen Langmut Kraus arg strapaziert, hat es bisher bei einer Ermahnung belassen.

Auf den ersten Blick erscheint dem Leser die »Langmut« als Subjekt im Nominativ – erst auf den zweiten erkennt man, daß es sich um ein Akkusativobjekt handelt. Auch hier fällt das Reparieren leicht:

Helmut Kohl, dessen Langmut von Krause arg strapaziert wird, . . .

Manchmal kommen mir die Autoren wie Fallensteller vor, die ihr Opfer – den Leser – mit allen möglichen Tricks zur Beute ihres syntaktischen Unvermögens werden lassen. Die Zahl dieser Tricks scheint unbegrenzt zu sein.

Beliebt ist zum Beispiel die Vortäuschung eines einzigen Subjekts, wenn in Wirklichkeit deren zwei vorliegen (aus der ZEIT):

Zurück in der Wohnung, melden sich ein paar Erinnerungen.

Nicht die Erinnerungen waren »zurück in der Wohnung« – der Autor war heimgekehrt.

Auch die Verfechter einer irritierenden Wortstellung sind zahlreich vertreten. In der *Süddeutschen Zeitung* hieß es:

Die drei jetzt festgenommenen Männer seien nach einer Familienfeier in einer Solinger Kneipe vom Wirt, einem Deutschen und zwei Türken in angetrunkenem Zustand auf die Straße befördert worden.

Waren etwa die beiden Türken angetrunken? Wohl kaum: Die drei Festgenommenen waren es.

Ein bewährtes Mittel zur Täuschung des Lesers ist auch die

Vermengung zweier unterschiedlicher Satzkonstruktionen (in der *Rhein-Neckar-Zeitung*):

Die okkupierten Territorien wurden durch gewaltsame »ethnische Säuberungen« abgesichert, die Hunderttausende kroatischer und muslimischer Bewohner um Haus und Hof brachten und als Flüchtlinge einem ungewissen Schicksal überlassen wurden.

Der einmal begonnene Bauplan verlangt als letzten Teil des Relativsatzes:

... und als Flüchtlinge einem ungewissen Schicksal überließen.

Der Verfasser hatte es sich unterwegs offenbar anders überlegt und diesen Teil als Relativsatz konstruiert, der sich auf »Bewohner« bezieht.

Man kann den Leser auch in die Analogie-Falle locken: Er deutet zwei einander sehr ähnliche Sätze fälschlicherweise als gleichgebaute. In der WOCHE war über den Papst zu lesen:

Lebenslänglich ein Fremder im Vatikan ...

Lebenslänglich ein Amt ...

Sehr Unterschiedliches wird hier ausgespart. Im ersten Satz: »... ist er ...«. Im zweiten Satz: »... bekleidet er«. Das vermeintliche Subjekt »Amt« entpuppt sich als Akkusativobjekt.

Doch zum Schluß möchte ich Sie mit einigen Leckerbissen professioneller Stilkunst verwöhnen: »Schmankerln« sagen die Bayern. Zur Ehrenrettung der Journalisten sei jetzt schon vermerkt, daß einige der kuriosesten Beiträge von Schriftstellern geliefert werden – von »Gast-Autoren« also, die gelegentlich in einer Zeitung ihrer Sprache freien Lauf lassen.

Sie ahnen es, liebe L...., wir kümmern uns hier um die Sorgenkinder der deutschen Syntax: Schachtel- und Klammersätze. Daß diese so häufig in Zeitungen und Zeitschriften auftauchen, erstaunt mich immer wieder.

Blättern Sie also zurück, bis Sie die von Ihnen mit einem Eselsohr versehene Seite gefunden haben, und lesen Sie sich in den

dort abgedruckten Satz ein. (Den Lesern, die ihre Bücher nicht durch Eselsohren verschandeln wollen, verrate ich den Fundort: Seite 199.)
Diesem kakophonischen und syntaktischen Ungeheuer gebührt die Goldene Zitrone journalistischer Schreibkunst. Die Gesellschaft für deutsche Sprache sollte nicht nur nach einem »Unwort des Jahres« suchen, sondern nach dem »Unsatz des Jahres«, dessen Urheber wegen besonderer Verdienste um die deutsche Syntax entsprechend geehrt werden könnte.
Der zitierte Satz bleibt dem Leser längere Zeit – manchem vielleicht für immer – unverständlich, weil in ihm zahlreiche Nebensätze ineinander verschachtelt werden. Durch folgenden Umbau wird er zwar nicht eleganter, doch eher verständlich:

> **Zum anderen erschrak man über einen Kandidaten für das Bundespräsidentenamt, der sich unbefangen und im Widerspruch zu verfestigten Konventionen äußerte – vielleicht nicht immer sehr geschliffen, was man ihm dann vorwarf. Er strebte ja ein Amt an, das sich wie eine Kuppel über dem Konformismus der Bundesrepublik wölbt.**

Bei solch atemraubender Syntax kann selbst Rolf Hochhuth nicht mithalten, der sich als Gast-Autor ebenfalls seit langem um die Goldene Zitrone bemüht. Immerhin gelingen ihm Achtungserfolge. In der WELT äußerte er sich zum Beispiel eindrucksvoll über Nabokovs Roman *Lolita*:

> **Natürlich ist sein zweiter Teil, als der »Held« das Mädchen hat und vor den Leuten mehr oder weniger verbergen muß, da er allein mit ihm lebt – die Mutter ist gestorben – – –**

– was ist denn nun »sein zweiter Teil«?

> **– – – eine subtile Hetzjagd.**

Na also. Ebensowenig vorbildlich schreibt derselbe Gast-Autor (in der WELT) während eines »tödlich-langweiligen« Berliner Theatersommers über eine Inszenierung:

> **Gottlob nimmt Friedrich Schoenfelder, der einen unterkühlten Intendanten in Cleveland spielt, der eine Othello-Vor-**

stellung nicht »platzen« lassen will, obgleich der Hauptdarsteller als Scheintoter ausfällt – – –

– na, was nimmt er denn, der Herr Schoenfelder?

– – – viel zurück von dem Klamauk.

An solchen Texten sollten Sie sich kein Beispiel nehmen: Reihen Sie nicht achtlos einen Nebensatz an den anderen, bis das Satzende irgendwie und irgendwann einmal in Sicht kommt. Der brillant schreibende Theaterkritiker Gerhard Stadelmaier meinte kürzlich in der *Frankfurter Allgemeinen Zeitung*, seit der Uraufführung des *Stellvertreters* »tue Rolf Hochhuth so, als sei er ein Dramatiker«. Hoffentlich tut er nicht auch noch so, als sei er ein guter Stilist.

Doch auch Schriftsteller, die über einen guten Stil verfügen, enttäuschen, wenn sie sich in der Presse zu Wort melden: Nehmen sie diese etwa nicht ernst? Dies wäre ungehörig und überheblich, zumal viele Journalisten ihr Handwerk, ja manchmal ihre Kunst, glänzend beherrschen.

Nehmen wir als letztes abschreckendes Beispiel den zwar witzigen, doch überhaupt nicht meisterlichen Text eines witzigen und meisterhaften Erzählers. Dieser machte sich in der WOCHE Gedanken über »den Ausverkauf im Hause Thurn und Taxis«:

Indes, es dürfte auch nicht an solchen fehlen, die lauteren Herzens der Ansicht sind, daß eine vernünftige Redimensionierung der Vermögenslage der Familie und der zwar menschlich bedauernswerte, vom erzieherischen Standpunkt aber eher zu begrüßende Fortfall des väterlichen Vorbilds für die verwaisten Prinzlein keinen niederschmetternden Schicksalsschlag darstellen.

Wer hier in solch grauslichem Kanzleistil schreibt? Gregor von Rezzori – kaum zu glauben.

Sie sollten also, liebe L ...., vor großen Namen nicht in Ehrfurcht erstarren und die Werke dieser Meister von vornherein für Meisterwerke halten. Lesen Sie jeden Text (gleich welcher

Art und Autorschaft) mit gespannter Aufmerksamkeit – und mit gespitzten Ohren. Vielleicht hat meine kleine Stil-Lehre Sie hellhörig gemacht.

EINIGE FACHAUSDRÜCKE

Anakoluth: »Satzbruch«: Die Konstruktion eines Satzes wird verändert, während er produziert wird.
Analogiebildung: Eine sprachliche Form wird nach dem Muster einer anderen umgebildet.
Anglizismus: Eine englische Spracheigentümlichkeit (z. B. ein Wort) wird in eine andere Sprache übernommen.
Axiom: Gewißheit, die keines Beweises bedarf.
echolalisch: Ein Wort oder Wortteil wird sinnlos wiederholt (in der Sprache von Kindern oder Kranken).
Ellipse: Entbehrliche Teile eines Satzes werden ausgespart.
Finalsatz: Satz, der eine Absicht oder einen Zweck ausdrückt.
Hiatus: End- und Anfangsvokal zweier aufeinanderfolgender Wörter treffen zusammen (»klein*e* *E*nten«).
Hypotaxe: Sätze werden durch Unterordnung miteinander verknüpft.
Kakophonie: Unschön klingende Lautfolge (»Jetztzeit«). Gegensatz: Euphonie.
Katachrese: »Bildbruch«: Nicht zusammengehörige Bilder werden vermengt.
Kongruenz: Formale Übereinstimmung syntaktisch zusammengehöriger Satzglieder.
Konsekutivsatz: Nebensatz, der eine Folge (Konsequenz) ausdrückt.
Kontamination: Zwei Wörter oder Formen werden versehentlich miteinander verschmolzen.
Metapher: (Sprachliches) Bild.
Metasprache: Beschreibung einer natürlichen Sprache.

Neologismus:	Sprachliche Neubildung.
Nominalphrase:	Subjekt oder Objekt eines Satzes, das meist ein Nomen (Substantiv oder Adjektiv) enthält.
Nominalstil:	Stil, in dem Substantive vorherrschen. Gegensatz: Verbalstil.
nonverbal:	Nichtsprachliche Ausdrucksmittel (z. B. Mimik oder Gestik) werden verwendet.
Parallelismus:	Gleicher Bau aufeinanderfolgender Sätze oder Teilsätze.
Parataxe:	Sätze werden durch Nebenordnung miteinander verknüpft.
Pidgin:	Mischsprache – auch abwertend = Kauderwelsch.
Redundanz:	Überflüssige Information oder mehrfache Kennzeichnung (Plural: »*die* lang*en* S*ätze*«).
Stilregister:	System der auf einer »Stilebene« angewandten sprachlichen Ausdrucksmittel.
Syllogismus:	Aus drei Urteilen (Sätzen) bestehender logischer Schluß.
Verbalphrase:	Prädikat eines Satzes, das stets ein Verb enthält.
Verbalstil:	Stil, in dem Verben bevorzugt werden. Gegensatz: Nominalstil.

LITERATURHINWEISE

Die Zahl wohlmeinender Stilratgeber ist Legion. Nur die bekanntesten und/oder neuesten will ich hier erwähnen und jeweils durch ein Zitat für sich selbst sprechen lassen:

Hans Reimann: *Vergnügliches Handbuch der deutschen Sprache.* München, 1931; Neuauflage: Wiesbaden, 1991.

»Ist der Amtsschimmel ein Pferd oder ein Pilz?«

Ludwig Reiners: *Stilkunst.* München, 1943; Neubearbeitung, 1991.

»Es ist auch nicht wahr, daß ein klarer Stil keine Atmosphäre habe. Er hat die Lebensluft eines strahlenden südlichen Mittags.«

Hans Lobentanzer: *Deutsch muß nicht schwer sein.* München, 1986; ^{2}1986.

»Dieses Buch wendet sich an alle, die schreiben und reden, also an jeden im deutschen Sprachgebiet.«

Willy Sanders: *Gutes Deutsch – besseres Deutsch.* Darmstadt, 1986; ^{2}1990.

»Mit Rücksicht auf den ›wohlgeneigten‹ (und nicht gramgebeugten!) Leser ist versucht, soweit als vertretbar ohne den Prunk und Protz fachwissenschaftlichen Jargons auszukommen.«

Wolf Schneider: *Deutsch für Kenner.* Hamburg, 1987; ^{6}1993.

»Mag sein, daß der breiten Rede nicht meine Sympathie gehört; doch die Stoßrichtung meines Buches war nicht die *breite* Rede, sondern die quallige ...«

Wer sich über Detailfragen informieren möchte, kann seine Neugier durch folgende leicht lesbare Werke befriedigen:

Hermann Ehmann: *affengeil.* Ein Lexikon der Jugendsprache. München, 1992.

Eckhard Henscheid: *Dummdeutsch. Ein Wörterbuch.* Ditzingen, 1985; Neuausgabe: Stuttgart, 1993.
Sigrid Müller/Claudia Fuchs: *Handbuch zur nichtsexistischen Sprachverwendung in öffentlichen Texten.* Frankfurt/M., 1993.
Karl Friedrich, jun.: *Beamtendeutsch.* Frankfurt/M., 1990.
Larry K. Bogart: *Hot Stuff. Englisch für Hochstapler.* Frankfurt/M., 1988.

Und wer vor schwer verdaulicher wissenschaftlicher Kost nicht zurückschreckt, sei auf folgendes Werk verwiesen:

Lexikon der Germanistischen Linguistik, hrsg. von Hans Peter Althaus u.a. Tübingen, 1973; ²1980. (Kap. 26: »Linguistische Stilistik«, von Ulrich Püschel; mit ausführlicher Bibliographie.)

HAFTUNGSAUSSCHLUSS – STATT EINES NACHWORTS

Auf dieser letzten Seite verabschiede ich mich von Ihnen, liebe Leserinnen und Leser. Hoffentlich ist es mir gelungen, Ihr Interesse an der deutschen Sprache zu steigern – oder gar erst zu wecken. Und hoffentlich haben Sie möglichst selten den von mir erhobenen Zeigefinger bemerkt, der Sie auf Lernenswertes hinweisen sollte.

Ob mein Versuch, Ihnen heutige deutsche Texte in all ihrer Vielfalt nahezubringen, geglückt ist, kann ich natürlich nicht wissen. Doch machen Sie mich bitte für nichts haftbar. Beim Formulieren eines solchen »Haftungsausschlusses« war mir das erstaunliche Impressum eines Sprachratgebers eine große Hilfe:

> **Die Ratschläge in diesem Buch sind von Autor und Verlag sorgfältig erwogen und geprüft, dennoch kann eine Garantie nicht übernommen werden. Eine Haftung des Autors bzw. des Verlags und seiner Beauftragten für Personen-, Sach- und Vermögensschäden ist ausgeschlossen.**

Diese Hoffnung hege ich allerdings: daß Sie durch die Lektüre meines Buchs keinen Schaden erleiden. Sind Sie übrigens je durch ein Buch körperlich geschädigt worden? Immerhin sieht der Paragraph 10 des Produkthaftungsgesetzes vor:

> **Sind Personenschäden durch ein Produkt... verursacht worden, so haftet der Ersatzpflichtige bis zu einem Höchstbetrag von 160 Millionen Deutsche Mark.**

Dieser »Haftungshöchstbetrag« wird jeden Autor ungemein beruhigen: Sein Buch ist ja auch ein »Produkt im Sinne dieses Gesetzes«, da es hier als »bewegliche Sache« gilt.

Leben Sie wohl – vielleicht treffen wir uns bei einem anderen Zwiegespräch wieder...

REGISTER